Die Standardmerkmale des Labrador Retriever

(Auszüge aus dem gültigen FCI-Standard)

Allgemeines Erscheinungsbild

Kräftig gebaut, kurz in der Lendenpartie, sehr rege, breiter Oberkopf; Brust und Rippenkorb tief und gut gewölbt; breit und stark in Lende und Hinterhand.

Rute

Kennzeichnendes Merkmal, sehr dick am Ansatz, sich allmählich zur Rutenspitze verjüngend, mittellang, ohne Befederung, jedoch rundherum stark mit kurzem, dickem und dichtem Fell bedeckt, damit in der Erscheinung „rund", dies wird mit „Otterschwanz" umschrieben. Kann fröhlich, sollte jedoch nicht gebogen über dem Rücken getragen werden.

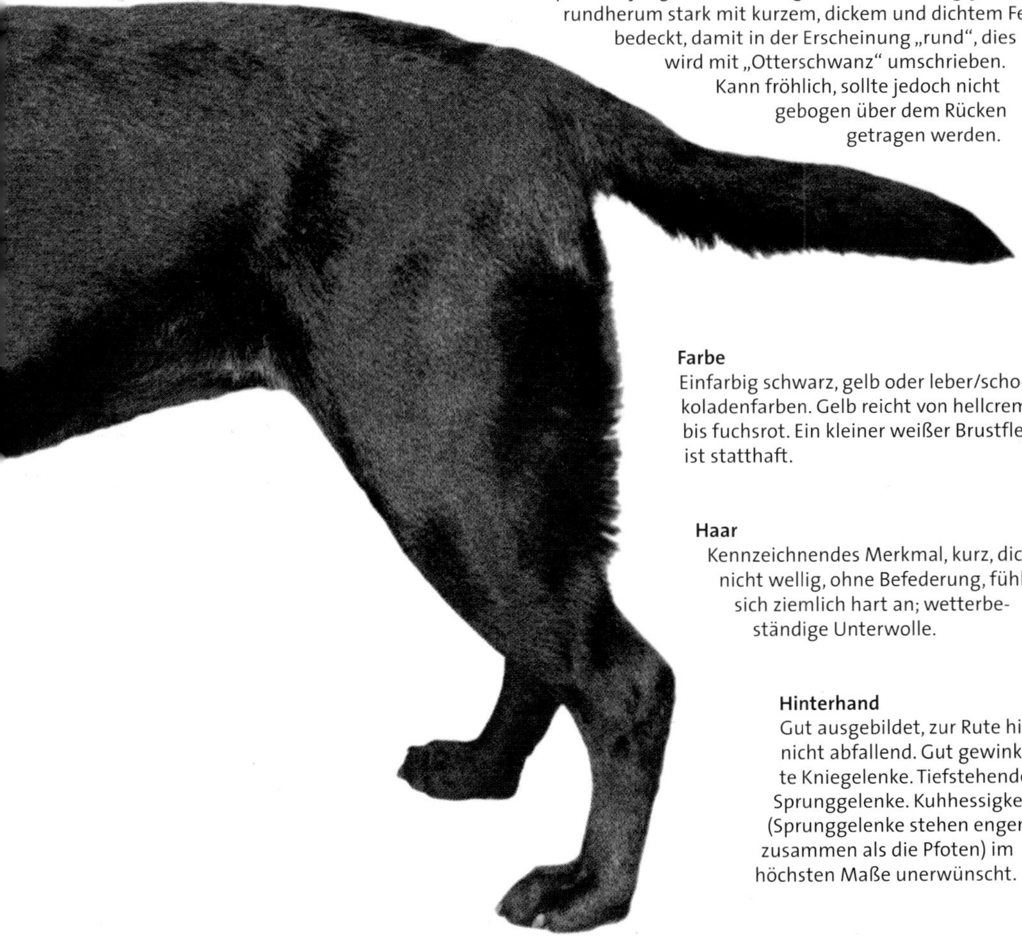

Farbe

Einfarbig schwarz, gelb oder leber/schokoladenfarben. Gelb reicht von hellcreme bis fuchsrot. Ein kleiner weißer Brustfleck ist statthaft.

Haar

Kennzeichnendes Merkmal, kurz, dicht, nicht wellig, ohne Befederung, fühlt sich ziemlich hart an; wetterbeständige Unterwolle.

Hinterhand

Gut ausgebildet, zur Rute hin nicht abfallend. Gut gewinkelte Kniegelenke. Tiefstehende Sprunggelenke. Kuhhessigkeit (Sprunggelenke stehen enger zusammen als die Pfoten) im höchsten Maße unerwünscht.

Bildnachweis

Norvia Behling
Carolina Biol Supply
Doskocil
Theresa Fico
Isabelle Francais
James Hayden-Yoav
James R. Hayden, RBP
Carol Ann Johnson
Dwight R. Kuhn

Dr. Dennis Kunkel
Alice Pantfoeder
Antonio Philippe
Phototake
Jean Claude Revy
Alice Roche
Nikki Sussman
Alice van Kempen
C. James Webb

Zeichnungen Renee Low

© Copyright 2006 Aqualia 03 s.l.
© Copyright German edition
bede-Verlag GmbH
4. Auflage 2006

Übersetzung: Regina Kossiski
Durchsicht: Katharina Schlegl-Kofler

ISBN 3-933 646-25-1
bede-Bestell-Nr. PR 002

Labrador Retriever

◇

Robert von Maróthy

Inhaltsverzeichnis

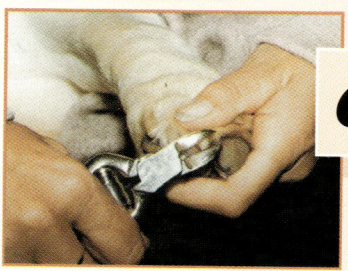

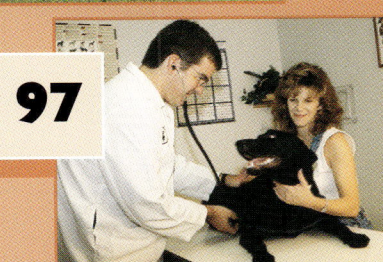

Die Geschichte des Labrador Retrievers

Muss man eine der populärsten Hunderassen der Welt überhaupt noch vorstellen? Jeder hat sicher schon einmal einen Labrador gesehen, der fröhlich mit seiner Familie umher tobte. Seine Gelehrigkeit und sein gutmütiges, friedliches Wesen prädestinieren den Labrador Retriever seit Generationen zum idealen Familienhund. Die intelligenten Hunde zeigen sich jederzeit anpassungsbereit an neue Lebenssituationen.

Der Labrador Retriever wird heute oft uneingeschränkt als „einfach" beschrieben; so uneingeschränkt ist dies aber nicht richtig. Der Labrador Retriever gehört zu der Gruppe der Jagdhunde und hier zu den Apportierhunden, den Retrievern. Der Labrador wurde über Generationen zu einem ausdauernden Jagdhund gezüchtet, der viele Stunden hintereinander unermüdlich dem Federwild auf weitem Terrain, besonders im Wasser, nachspüren können. Als Familienhund ist es das Schicksal vieler Labrador Retriever gerade einmal die Filzpantoffeln oder die Sonntagszeitung ihres Halters apportieren zu dürfen. Ihre natürliche Veranlagung wird bei dieser Haltung weitgehend ignoriert. Es ist für Sie als Halter sicher gut zu wissen, dass der Labrador Retriever auch heute noch zum Apportieren eingesetzt wird.

Labrador Retriever werden in drei Farbschlägen gezüchtet: schwarz, leber- oder schokofarben und gelb.

Ein Labrador Retriever-Welpe. Ursprünglich nannte man diese Rasse den „Kleinen Neufundländer".

Nur so viel zum Wort „Retriever" im Namen dieser Rasse. Wenden wir uns dem ersten Namensteil zu. Was hat Labrador, diese unwirtliche Halbinsel auf der Atlantikseite Kanadas mit dieser Rasse zu tun? Um dies zu ergründen, müssen wir uns an die Originalschauplätze der Zucht begeben. Enttäuscht müssen wir feststellen, dass Labrador ersteinmal nicht viel mit der Rasse zu tun hat. Die Ahnen des Labrador Retrievers kamen von einer großen Insel vor der Südküste Labradors, die wir als Neufundland kennen. Die Suche nach dem Ursprung der Hunde führt uns zurück zu den ersten europäischen Besuchern Neufundlands. Dies waren vermutlich Wikinger im 11. Jahrhundert, die wahrscheinlich Hunde an Bord hatten. Ob die Ureinwohner der Insel, die Dorset Eskimos, bereits Hunde besaßen, ist wahrscheinlich. Nach dieser ersten Begegnung der Kulturen sollte es bis zum 16. Jahrhundert dauern, bis sich wieder europäische Seefahrer, genau genommen portugiesische Fischer, in die Gegend verirrten. Sie fingen Fische, einige der Seeleute siedelten sich auf der Insel an. Wahrscheinlich brachten auch sie ihre

Schwarz war zu Beginnn der Reinzucht die beliebteste Farbe der Labradors. Seine Vorfahren wurden ursprünglich zum Apportieren von Federwild gehalten.

Hunde mit an Land. Es wird glaubhaft berichtet, dass manch Fischer sein Schiff im Stich ließ und auf die Insel schwamm, um in Freiheit ein neues Leben zu beginnen. Weil diese Fischer, wie viele Seeleute auch heute noch, sehr „freiheitsliebend" waren, blieben diese Inseln über zwei Jahrhunderte hinweg ohne jegliche Gesetze und Verordnungen. Aufzeichnungen aus dieser Zeit sind rar. Wir wissen bis heute nicht, wann nun wirklich die ersten Hunde die Insel erreichten. Sicher ist aber, dass spätestens mit dem Eintreffen der Fischer im 16. Jahrhundert auch viele Hunde, vor allem aus Spanien und Portugal die Küste Neufundlands erreichten und auf die Insel kamen. Man bezeichnete den Labrador einst als „Kleinen Neufundländer" und vermutete in ihm den Vorfahren des heutigen Neufundländers, eine sicherlich richtige Annahme. Erste Abbildungen des Neufundländers ähneln einem Labrador tatsächlich mehr, als dem modernen Neufundländer. Diese heute sehr beliebte Rasse ist inzwischen wesentlich größer, mit viel dichterem Haarkleid, mehr Knochenstärke und lässt stark vermu-

Labrador Retriever sind sehr vielseitige Hunde, die schon immer mit engem Familienkontakt gehalten wurden.

ten, dass andere Hunde, wahrscheinlich auch Abkömmlinge von Mastiffs, bei der Zucht eingekreuzt wurden. Bis heute haben beide, der Neufundländer und der Labrador, als Besonderheit an den Pfoten bis an die Zehenspitzen reichende Zwischenzehenhäute, die stark an Schwimmhäute erinnern.

Das rauhe Klima Neufundlands erforderte einen Hund mit sicherem Trittvermögen und Widerstandsfähigkeit. Die Nähe zum Wasser verlangte gute Schwimmer und eine besondere Bindung der Hunde an dieses Element. Die Größe des Labradors war von wesentlicher Bedeutung für die Fischer. Der Hund sollte schließlich in den kleinen Fischerbooten mitfahren und beim Einholen der Fischernetze behilflich sein. Seine Schwimmhäute wiesen ihn als vorzüglichen Schwimmer aus, selbst im Eiswasser des rauhen Nordatlantiks. Sein dichtes und

wasserabweisendes Fell ist eines der vielen Rassemerkmale auch des modernen Labrador Retrievers, das sich heute als Überbleibsel aus dem einstigen Überlebenskampf in der rauhen Küstenregion Neufundlands erklären lässt. Ein weiteres Rassemerkmal ist seine breite, tiefe Brust, die großen Lungen Platz bietet.

Die Hunde waren den Fischern eine große Hilfe. Sie halfen ihnen nicht nur beim Fischfang, sie retteten nachweislich auch vielen Schiffbrüchigen das Leben. Bis zu den Anfängen des 19. Jahrhunderts wurden die Hunde rein nach ihrer Gebrauchstüchtigkeit verpaart. Eine differenzierte Verpaarung der verschiedenen, heute bekannten Retriever-Variationen gab es nicht. Allein die Langhaarigkeit war unerwünscht, denn das Fell saugte sich schnell voll Wasser und drohte an Land zu gefrieren. Heute werden alle Retriever in der Gruppe 8 (Apportier-, Stöber- und Wasserhunde) der FCI geführt. In dieser Gruppe wird der Retriever in seinen verschiedenen Typen unterschieden, darunter auch der Labrador. Der Labrador ist nicht die einzige Hunderasse, die ihren Ursprung auf Neu-

Wussten Sie schon?
Das Verhalten und die Persönlichkeit Ihres Labradors werden Ihre Fürsorge und die ihm angedeihende Ausbildung mehr widerspiegeln als bei anderen Rassen. Versuchen Sie stets, dem Hund eine sinnvolle Beschäftigung zu bieten. Es liegt an Ihnen, die guten Grundeigenschaften dieser Rasse zu fördern, um von einem umgänglichen Hund zu profitieren.

fundland hat, bekannte andere Rassen sind der schon erwähnte Neufundländer und der Landseer.

Die hervorstechenden Eigenschaften des Labradors, wie seine Apportierfreude, Wasserliebe und seine Anpassungsfähigkeit wurden von Jägern und Sportsmännern so hoch anerkannt, dass sie ihn zum Retriever ihrer Wahl machten. Schnell übernahmen die Retriever in England die Arbeit der Pointer und Setter, die bis dahin an der Seite der Jäger standen. Obwohl wir den heutigen Labrador in den drei anerkannten Farbschlägen schwarz, gelb und braun kennen, waren die Hunde Neufundlands ausschließlich schwarz. Diese kleinen schwarzen Hunde wurden als St. John's Wasserhunde bezeichnet und man sagte, „sie seien mit Abstand die besten aller Jagdhunde". Eine unbefriedigende

Tatsache für die heutige Zucht ist es, dass die Neufundländer keine Aufzeichnungen über ihre vertrauten Hunde machten. Das tägliche Überleben auf dieser unfruchtbaren Insel war eine dermaßen umfassende Aufgabe, dass kaum Zeit für derartige Dinge übrig war.

Der Labrador kommt nach England

Dem zweiten und dritten Earl of Malmsbury ist es zu verdanken, dass diese hervorragenden St. John's Hunde von Neufundland nach Großbritannien gebracht wurden. Zu diesem Zeitpunkt (etwa 1825) nannte man ihn, wie schon erwähnt, auch den „Kleinen Neufundländer". Dem dritten Earl, ein Pionier in der Zucht dieser Rasse, ist es zu verdanken, dass man den Hund nun Labrador Retriever nannte. Diese Leute und einige andere ebenso

Der dritte Earl of Malmsbury gab dem Labrador Retriever seinen Namen. Diese hier gezeigten Hunde sind typisch für die englische Zuchtlinie.

denkende Züchter verfolgten die Rein-zucht des Labradors. Sie züchteten nur mit Importhunden aus Neufundland, um deren Eigenschaft als wasserlie-benden Apportierhund zu bewahren.

Der Labrador wurde 1903 vom Britischen Kennel Club anerkannt.

Man vermutet allerdings, dass einige Nachkommen der St. John's Hunde mit anderen Hunden, vornehmlich engli-schen Pointern, verpaart wurden, um deren Jagdleistungen zu steigern. Dem widersprechen aber einige der ersten Züchter vehement. Der endgültige Beweis ist freilich für beide Seiten

schwierig zu liefern. In den frühen 1870ern beschrieb man die Rasse als symmetrisch und elegant. Der Labrador wurde für seine herausragenden Ge-brauchs- und Charaktereigenschaften gerühmt. Es wurde eine Verpflichtung für die Züchter, den Labrador mit seinen hervorragenden Eigenschaften in aller Welt nicht nur als Jagd- sondern auch als Familienhund populär zu machen. 1903 wurde der Labrador Retriever vom Britischen Kennel Club anerkannt. Im nachfolgenden Jahr wurden die Retrie-ver als eigene Jagdhundgruppe aufge-führt. Zu diesem Zeitpunkt wurden die verschiedenen Retriever-Variationen nicht wie heute unterteilt. Eine separa-te Auflistung des Labrador Retrievers erfolgte erst im Jahr 1904, als der Ken-nel Club eine Einteilung innerhalb der Rassen vornahm. In den frühen Auf-

1904, ein Jahr nach seiner Aner-kennung, wurde der Labrador Retriever vom Bri-tischen Ken-nel Club in die Gruppe der Jagd-hunde auf-genommen.

Typisch für den Labrador ist seine Kondition beim Laufen, Schwimmen und Springen.

zeichnungen über die Rasse hat es hin und wieder zu Unstimmigkeiten in Bezug auf die Farbgebung geführt. Manche Labradors wurden als „goldfarben" eingetragen, deren Haarlänge nicht näher beschrieben war. Diese „goldenen" Labradors sind wahrscheinlich gelbe Labradors gewesen. Oft führt zu Beginn der Reinzucht ein gewisser Übereifer, aber auch eine nicht zu unterschätzende Unkenntnis zu diesen Ergebnissen. Wir dürfen nicht vergessen, dass auch heute viele Menschen den Unterschied zwischen einem gelben Labrador und einem Golden Retriever trotz des unterschiedlichen Fells nicht kennen. Ein gelber Labrador Retriever hat jedoch nichts mit dem Golden Retriever zu tun.

Die Zuchtbücher des Kennel Clubs enthalten Hinweise auf braunfarbene Retriever mit welliger Fahne. Diese Hunde gehen auf die schokoladenfarbenen Retriever des bekannten Zwingers „Buccleuch" zurück. Er ist Züchter der ersten sechs oder sieben Retriever, die in das Zuchtbuch eingetragen wurden. Aus der Buccleuch-Zucht gingen auch *Field Trial Champions* hervor. Der berühmteste ist wohl Peter of Faskally,

Schwarze Labradors sind häufiger vertreten als gelbe oder schokofarbene.

der als Stammvater in den Ahnentafeln vieler Top-Labradors der Anfangszeiten zu finden ist. Dies trifft bei den Top Field-Hunden in England ebenso wie in Amerika zu. Deshalb gibt es heute immer noch Zuchtbücher, in denen diese Mehrfach-Champion zu finden sind.

Die besten gelben Labrador Retriever gehen auf einen Hund mit Namen Ben of Hyde zurück, geboren 1899. Er wurde mit vielen exzellenten Hündinnen verpaart und seine Erbmerkmale sind Basis berühmter, gelber Labrador-Zuchtlinien in ganz England. Währen die schwarzen Labrador Retriever immer gegenüber

König George VI. und Elizabeth förderten die Labrador Retriever-Zucht in ihren königlichen Zwingern.

den anderen Farbschlägen bevorzugt wurden, erlangten in der Nachkriegszeit gerade die gelben Labradors zunehmende Popularität.

Die mit Lord Knutsford befreundete Lady Howe gründete 1916 den Labrador Club und organisierte 1920 den ersten Field Trial. Lord Knutsford verfasste 1923 den ersten Standard für Labrador Retriever. Der Standard beschreibt den idealen Typ, den es in der Zucht anzustreben gilt. Bis heute wurde der Standard von Knutsford

nur geringfügig geändert. Lady Howe gilt bis heute als bedeutendste Labrador-Züchterin. Ihrer Zucht entstammten eine Vielzahl von „Doppel-Champions" – das sagt man, wenn die Hunde als Ausstellungshunde ebenso erfolgreich sind, wie als jagdliche Arbeitshunde (Field Trial). Nicht zuletzt war Lady Howes Banchory Bolo, der Sohn ihres ersten Labradors Scandal, der erste Doppelchampion dieser Rasse. Bolo war der Lieblingshund Lady Howes, der den Ausschlag für ihre tiefe Zuneigung zu dieser Rasse gab.

Auch die königliche Familie hält schon sehr lange Zeit Labradors. König George IV und Königin Elizabeth präsentierten ihre Labradors auf Ausstellungen. Sie waren unter dem Zwingernamen Wolverton (heute geändert in Sandringham) bekannt. Der König stellte seine Hunde in den 1920er und 1930er Jahren auf der Cruft's-Ausstellung aus. Wobei die Königin ihre Hunde zu Field Trials meldete, einfach um den Leuten die Attraktivität von Field Trials zu demonstrieren. George war Schirmherr des Labrador Clubs und wurde nach seinem Tode durch Elizabeth als Schirmherrin abgelöst. Bis heute werden in England Field Trials von der königlichen Familie gefördert und die jährliche Meisterschaft wird im Jagdrevier der Königin, in Sandringham, abgehalten. Sehr oft sieht man sie im Dezember während der Britischen Retriever-Clubsiegerschau.

Die Britischen Jagdhunde oder Fährtenhunde sehen sehr muskulös aus. Um sich in der Fährtensuche auszuzeichnen, muss ein Hund Disziplin, Gelehrigkeit und eine gute Auffassungsgabe vorweisen. Die Leistungsprüfungen in England sind sehr schwer. In England, wo der Schießsport urspünglich entstand, findet ein *field trial* in einem natürlichen Jagdgelände statt, einschließlich wilder Vögel und was Mutter Natur eben so alles zu bieten hat. Das, was die Jagd so interessant macht, sind die Überraschungen, und das gilt ebenso für den *field trial*.

ren geht. In Deutschland und einigen anderen Ländern bemühen sich die Züchter verstärkt darum, den goldenen Mittelweg zu finden und Hunde des *dual purpose*-Typs zu züchten. Diese Hunde eignen sich aufgrund ihrer körperlichen Statur und ihres Wesens gleichermaßen als Familienhunde und zur jagdlichen Ausbildung.

Lady Howe sandte gleich nach dem ersten Weltkrieg den ersten Labrador Retriever in die USA. Der erste Labrador wurde 1917 im Zuchtbuch des AKC eingetragen.

Der Einsatz des Labradors als Jagdhund und bei jagdlichen Wettbewerben auf der einen und als Ausstellungs- und Familienhund auf der anderen Seite hat dazu geführt, dass wir heute verschiedene Typen innerhalb der Rasse finden. Reine Jagdhunde sind vergleichsweise leicht gebaut, reine Schauhunde, vor allem in englischen Zuchtlinien, sind oft sehr massig. Die Entwicklung soll aber nicht dazu führen, dass der ursprüngliche Typ des Labradors vollständig verlo-

Die ersten Labrador Retriever in den Vereinigten Staaten

Amerika ist Lady Howe überaus dankbar für den „Rückexport" des Labrador nach Nordamerika. Doch vergessen wir nicht, dass die Geschichte des Labradors an Kanadas Küste begann! Den ersten Labrador erhielten Sportsmänner aus Long Island im Staate New York kurz nach dem Ersten Weltkrieg von Lady Howe als Geschenk. Mit seiner Hingabe für Wasser bildet die Landschaft von Long

Island mit ihrer Meeresbrandung und ihren extremen Temperaturen sicherlich die perfekte Umgebung für die Arbeit eines Labrador Retrievers. Aber es ist nicht so, dass sich der Labrador einer schnellen Beliebtheit erfreute. Obwohl die Rasse bereits 1917 vom Ame-

Der Labrador wurde in den USA von den Jägern zum apportieren von Federwild gebraucht.

rikanischen Kennel Club anerkannt wurde, stieg die Zahl der Labradors selbst zehn Jahre später nur auf zwei Dutzend Retriever (aller Typen!) an. Die erste eingetragene Labrador-Hündin kam aus dem schottischen Zwinger „of Brocklehirst Floss". Offizielle Notiz nahm man aber erst 1932 von dieser Rasse. Der durchschnittliche Amerikaner der Mittelschicht war ursprünglich nicht der typische Halter eines Labradors, wie es heute der Fall ist. Es interessierten sich mehr die wohlhabenden Familien der höheren Gesellschaft für den in den 1920er Jahren in Schottland populären Schießsport. Sie holten sich schottische Wildhüter auf ihre Anwesen und importierten den Labrador aus den besten englischen Zwingern. Sie wandelten ihre Anwesen praktische in Jagdreviere um – zum Leidwesen der dort lebenden Enten und Fasane. Es ist wichtig zu wissen, dass der Labrador nur zu einem Zweck importiert wurde: nicht um als Familien- oder Ausstellungshund integriert zu werden, sondern einzig und

allein für die *field trials* und Wasserarbeit. Genau diesen Leuten ist es zu verdanken, dass der Labrador in Amerika zunehmend bekannter wurde und der erste Labrador Club Amerikas 1931 im Staat New York gegründet wurde. Einer der Gründungsmitglieder war Franklin B. Lord. Er organisierte die erste Feldprüfung im Dezember 1931. Insgesamt wurden 27 Hunde den zwei Richtern auf einem 80 Hektar großem Gelände vorgestellt. Die erste Clubausstellung fand 1933, also etwa 18 Monate später, statt. An ihr nahmen 33 Hunde teil. Sieger dieser ersten Show war Boli of Blake, gezüchtet von Lady Howe und im Besitz von Mr. Lord. Boli wurde außerdem erster

Der Labrador in Deutschland

Sieht man sich die heutige Beliebtheit und Verbreitung des Labradors an, so kann man kaum glauben, dass die ersten Hunde erst Ende der 1960er Jahre nach Deutschland kamen, bzw. erst jetzt mit der planmäßigen Zucht hierzulande begonnen wurde. Um so rasanter ist der Aufstieg des Labradors, der seit Jahren zu den beliebtesten Rassehunden zählt. Die meisten halten den Labrador als Familienhund, die jagdliche Führung ist selten. Innerhalb der Retriever-Rassen wird die Beliebtheit des Labradors nur noch durch die des Golden Retrievers übertroffen. So ist es auch nicht verwunderlich, dass der gelbe Labrador immer mehr Bewunderer findet. Der schwarze Labrador ist zwar immer noch der häufigste, aber auch der schokoladenfarbige holt auf.

Der umstrittene Labrador Retriever Club Inc. in den USA ist ein sehr exklusiver Club, dessen Mitgliedschaft Sportsleuten der höheren Gesellschaftsschicht vorbehalten ist.

Show-Champion dieser Rasse. Dieser ursprünglich gegründete nationale Club schloss sich schließlich dem AKC an und bildet den meistumstrittensten Club in Amerika. Wie der Westminster Kennel Club ist der Labrador Club Inc. ein reiner Männerclub. Dem durchschnittlichen Hundebesitzer ist der Beitritt nicht möglich. Er ist der höheren Sportsmann-Gesellschaft vorbehalten. Trotz alledem bedeutet dies, dass der Standard einem gewissen Schutz (Einfluss) unterliegt und hier die Zuchtrichtung für den „korrekten" Labrador in Amerika bestimmt wird. Die Unstimmigkeiten in der amerikanischen Labrador Retriever-Zucht sind tief verwurzelt und haben als Ergebnis viele Typrichtungen hervorgebracht. Es ist immer mehr zu erkennen, dass Richter den Rassestandard außer acht lassen und einen Hund als „Rassebesten" plazieren, obwohl er grobe Fehler zum Standard auf-

weist, vielleicht sogar herausfällt. Ungeachtet dieser Unstimmigkeiten ist der Labrador Retriever in all seinen Farbschlägen, Fellarten und Größen Amerikas vorherrschendste Hunderasse. Er führt die Welpenliste seit einem Jahrzehnt an! Amerika hat diesen Hund inzwischen zu seinem Familienhund Nr. 1 gewählt. Die meisten Besitzern wollen dabei einen wesensfesten und gelehrigen Familienhund, die jagdlichen Fähigkeiten ihres Hundes interessieren sie verständlicherweise nicht. Heute ist der Labrador Retriever ein tadelloser Begleithund für Jedermann, egal welchen Alters oder auch welcher Herkunft. Hält man nur ein paar seiner guten Seiten vor Augen wie Gelehrigkeit, Treue, Intelligenz etc., so sieht man, dass es wirklich ein Hund für beinahe Jedermann ist. Und auch wer seinen Labrador jagdlich führen will, findet heute bestimmt noch geeignete Hunde.

In Deutschland wird der Labrador vor allem als Familienhund gehalten. Die häufigsten Farben sind gelb und schwarz.

Typische Merkmale des Labrador Retrievers

Wenn Sie einen Hundekäufer fragen, warum seine Wahl auf einen Labrador Retriever gefallen ist, erhalten Sie als Antwort häufig „Warum nicht?" oder „Der Hund sind doch gut aus!" Es gibt Millionen von Labrador-Liebhabern auf der ganzen Welt. Bei der Auswahl seines Hundes darf man aber nicht nur nach dem Äußeren gehen. Wenn man sich für einen Labrador entscheidet, so spielt auch das Wesen des Hundes eine große Rolle, dies muss nämlich zu Ihrem passen. Der Labrador Retriever ist beispiels-

weise kein Schoßhund. Sicherlich versucht er das eine oder andere Mal ihren Schoß zu erklimmen und auch mal ein Küsschen zu verteilen, aber spätestens wenn er aus seinem Welpenalter herausgewachsen ist, werden Sie feststellen, dass er doch ziemlich schwer ist. Labradors schließen sich Ihnen gern eng an, aber es muss alles in seinen Grenzen bleiben. Ob ein Labrador zu Ihnen passt, können sie anhand der folgenden Fragen leicht selbst herausfinden.

Bewegen Sie sich gerne?

Labradors wollen herumtoben und spielen und dies vorzugsweise mit ihren vertrauten Besitzern. Da es sich hier um eine Rasse handelt, die auf Entenjagd spezialisiert ist oder im Sumpf einer erlegten Ente nachspürt, ist von einem sehr aktiven Hund auszugehen. Weil viele Labrador Besitzer nicht die Möglichkeit haben, das Wochenende mal eben mit einer kleinen Entenjagd zu verbringen, steht es außer Frage, dass der Hund anderweitig beschäftigt werden muss, um seine Aktivität auszuleben.

Haben sie einen Garten?

Der Labrador braucht eine gewisse Grundstücksgröße, auf der er sich bewegen kann, vorzugsweise natürlich ein eingezäunter Garten. Als Jagdhund hat der Labrador keine große Beziehung zu

Wussten Sie schon?

Mehr als andere Rassen wird der Labrador Retriever für humanitäre Zwecke ausgebildet und eingesetzt. Nachfolgend einige Beispiele:

1. Therapiehund
2. Jagd- und Apportierhund
3. Blindenführhund
4. Gehörlosenhund
5. Mienensuchhund
6. Drogensuchhund
7. Suchhund für Verschüttete bei Lawinen und Erdbeben

Nicht zu vergessen die positive Wirkung, die die Haltung als Familienhund auf seine Besitzer hat.

Auch wenn ältere Menschen selbst keinen Hund wie den aktiven Labrador mehr halten können, sind regelmäßige Besuche Balsam für ihre Seele.

22

seinem Territorium und ist deshalb auch kein besonders guter Wachhund, wie beispielsweise ein Rottweiler oder Dobermann. Man kann nicht sagen, dass er überhaupt nicht wachsam ist, da er seine Familie und sein Haus mit Sicherheit verteidigen wird. Aber sein Interesse an einer auffliegenden Taube oder anderen vorbei zwitschernden Vögeln wird weitaus ausgeprägter sein, als seine Wachsamkeit.

Suchen Sie einen Zwingerhund?

Trotz seiner vielen Vorzüge und seinem vorzüglichen Wesen, ist der Labrador nicht für Besitzer geeignet, die keine enge Beziehung zu ihm haben wollen und nicht geneigt sind, sich mit ihm im Haus oder draußen zu beschäftigen. Wie viele Jagdhunde liebt es der Labrador im Hause mit seiner Familie zusammen zu leben. Es ist sicherlich richtig, dass die Vorfahren des Labradors weitgehend als Zwingerhunde gehalten wurden, doch wird heute davon Abstand genommen, da es einfach nicht seinem Wesen entspricht. Der heutige Labrador wird als Familienhund im Haus gehalten. Wer also mit dem Gedanken spielt, einen Zwingerhund zu halten, der darf keinen Labrador wählen, sondern eine dafür geeignete Rasse – oder noch besser überhaupt keinen Hund, denn ehrlich gesagt eignet sich kein Hund wirklich zu einem ausschließlichen Zwingerdasein. Auch wenn der Labrador dafür berühmt ist, sich allen Lebensstilen anzupassen, so gehört er dennoch ins Familienrudel. Ein glücklicher Labrador Retriever ist immer auch ein treuer Gefährte, der stets seinem Besitzer nahe sein möchte.

Labradors sind keine Stubenhocker, auch wenn sie sich in der Wohnung bei der Familie sehr wohl fühlen. Sie brauchen regelmäßig ihren Auslauf.

Achten Sie sehr auf Sauberkeit?

Ein Labrador Retriever haart und er bringt nach dem Spaziergang auch Dreck in Ihre Wohnung. Je nachdem wo Sie mit ihm waren natürlich einmal mehr, eimal weniger. Grundsätzlich ist der Labrador Retriever reinlich wie alle Hunde. Aber kein Hund putzt sich so ausgiebig wie eine Katze. Er ist auch ein

Jeder Hund haart, auch der kurzhaarige Labrador.

verspielter Hund, der im Hause genauso aktiv ist wie draußen und entsprechend auch für eine gewisse Unordnung sorgt. Da kann auch einmal ein liebgewonnenes Stück in die Brüche gehen.

Haben Sie genügend Zeit?

Als Besitzer müssen Sie mit der Grunderziehung im Haus bereits beim Welpen konsequent beginnen, wenn Sie

> ### Wussten Sie schon?
>
> Ein Hund mit Schwimmhäuten zwischen den Zehen muss einfach schwimmen! Labrador Retriever sind für ihre Vorliebe für die Wasserarbeit berühmt. Es gibt nicht viele Labradors, die nicht ins Wasser gehen. Auch als Familienhunde lieben sie das Spiel und den Spaziergang mit ihrem Besitzer.

nicht möchten, dass der Hund Ihnen später auf der Nase herumtanzt. Trotz aller Vorzüge dieser Rasse ist und bleibt der Labrador Retriever dennoch „nur" ein Hund. Um es mit den Worten von Mary Feazell, einer amerikanischen Labrador-Liebhaberin und -ausbilderin, zu

sagen: Der Labrador Retriever ist nicht „der Superhund" von Geburt an. Zu einem großen Teil ist der Halter mit seiner Erziehung dafür verantwortlich, was aus dem Hund einmal wird; nur einen kleinen Teil bringt der Hund selbst mit. Dies ist eine enorme Verantwortung für den Besitzer eines Hundes. Aber seien Sie beruhigt, denn es gibt wenig, was ein Labrador nicht lernen kann. Manche Labradors kennen hunderte von Befehlen und können dutzende von Kommandos ausführen. „Aber seien wir realistisch", sagt Feazell, „ein Labrador kann vorzüglich schwimmen, aber er kann nicht auf dem Wasser gehen!" Ein Labrador Retriever benötigt einen konsequenten Besitzer, egal ob er seinen Hund nur eine Grundausbildung (wie „Sitz", „Platz", „Fuß" – eben was der Hund als braver Hausgenosse so braucht) zukommen lässt oder eine intensive Jagdausbildung für Fährtensuche, Ausdauerprüfung,

Hundewelpen sind einfach zum Verlieben. Hüten Sie sich jedoch vor unüberlegten Spontankäufen! Die Welpen werden schnell größer, auch dann müssen Sie sich um sie kümmern!

Der Labrador bringt viele gute Veranlagungen von Natur aus mit, die von Ihnen jedoch auch gefördert werden müssen!

Arbeitsprüfung etc. Manche Labradors sind so intelligent und so bestrebt zu gefallen, dass auch eine schwierige Ausbildung kaum ein Problem für Hund und Halter darstellt. Der Hund lernt fast wie von allein, wenn auch Sie sich an die Spielregeln halten. Labradors sind in der Lage, die ihnen gestellten Aufgaben schnell zu lösen und sie lernen schnell, was sie dürfen und was nicht. Manches bringen sich die intelligenten Hunde auch selbstständig bei, so beispielsweise das Öffnen von Türen, das Futter aus dem Versteck holen, etc.. Bitte verstehen Sie das aber nicht falsch! Labradors sind schlau, aber Sie müssen ihrem Hund zeigen, was er darf und was nicht. Es ist im Prinzip das Gleiche wie die Kindererziehung: Eltern müssen den Weg bereiten, damit ihr Kind sich entwickeln kann. Verbote, die nicht konsequent gehandhabt werden, stiften nur Verwirrung. Ebenfalls müssen sie Verbotenes mit der Zeit von selbst unterlassen und gewünschtes Verhalten unaufgefordert zeigen. Der Besitzer bestimmt, ob er einen folgsamen Labrador Retriever bekommt. Der Besitzer sorgt für die gute Ausbildung seines Hundes, indem er regelmäßig mit ihm trainiert und gewünschte Verhaltensweisen belohnt. Ein Labrador Retriever, der keine verantwortungsvolle Erziehung erhalten hat, entwickelt häufig Verhaltensprobleme, die oftmals ein aggressives, destruktives Verhalten nach sich ziehen. Sie müssen Ihren Hund so erziehen, dass ein Zusammenleben im sozialen Umfeld eine wahre Freude für alle ist. Wer sich keine Zeit für die Ausbildung nimmt, der macht den größten Fehler, den ein Hundebesitzer machen kann. Investieren Sie Zeit, Geduld und Liebe und Ihr Hund wird es Ihnen tausendfach zurückgeben.

Labradors lieben das Zusammensein mit ihren Besitzern. Alleine fühlt sich dieser Welpe sichtlich unwohl!

Ein gut erzogener Labrador wird sich ohne Hilfe wie ein Champion in Position bringens.

Ein abschließender Gedanke

Labrador Retriever müssen sicher als Modehund-Rasse bezeichnet werden. Dies macht Welpenkäufer leider oft unkritisch, denn auch wenn sich der Labrador sehr gut in die Familie einfügt, so bedeutet die Anschaffung eines Hundes immer eine große Verantwortung. Auch ein Labrador muss erzogen werden, er braucht seinen Auslauf und die regelmäßig anfallenden Kosten müssen auch bedacht werden. Kaufen Sie also nicht vorschnell einen Labrador Retriever. Auch diese Rasse braucht einen verantwortungsvollen und konsequenten Besitzer. Sollten Sie nicht völlig sicher sein, ob Sie diese Anforderungen, gerade auch an den aktiven Lebensstil des Labradors, erfüllen können, dann warten Sie mit der Anschaffung besser. Informieren Sie sich über die Rasse. Nehmen Sie Kontakt zu Züchtern oder Hundebesitzern und Ausbildern auf. Besuchen Sie eine Ausstellung und treffen Sie sich mit Leuten, die einen Labrador Retriever besitzen, damit Sie besser auf alle Konsequenzen, welche die Anschaffung eines Hundes mit sich bringt, vorbereitet sind. Für diejenigen, die sich völlig sicher sind, was ein Leben mit einem Labrador Retriever bedeutet, ist dies der wunderbarste Hund, den Sie bekommen können. Egal ob er als Familienhund gehalten wird, als Ausstellungshund oder ob Sie ihn wegen seiner Jagdeigenschaften ausgewählt haben: Mit dem Labrador Retriever bekommen Sie einen wirklich treuen Hund zum Freund.

Der Standard des Labrador Retrievers

Ein Labrador sollte eine exzellente Nase und einen weichen Fang haben.

Allgemeines Erscheinungsbild

Kräftig gebaut, kurz in der Lendenpartie, sehr rege, breiter Oberkopf; Brust und Rippenkorb tief und gut gewölbt; breit und stark in Lende und Hinterhand.

Wesen

Ausgeglichen, sehr aufgeweckt; vorzügliche Nase, weiches Maul, begeisternde Wasserfreudigkeit; anpassungsfähiger, hingebungsvoller Begleiter. Intelligent, aufmerksam und willig, mit großem Bedürfnis, seinem Besitzer Freude

Ein knochenstarker, schwarzer Labrador Retriever mit Champion-Qualitäten.

Neben seiner Intelligenz, Freundlichkeit und Fügsamkeit sollte der Labrador Retriever ein knochenstarkes, harmonisches Gebäude aufweisen.

zu bereiten. Von freundlichem Naturell, mit keinerlei Zeichen von Aggressivität oder deutlicher Scheu.

Kopf und Schädel
Breiter Schädel mit deutlichem Stop, gut modelliert ohne fleischige Backen. Kiefer von mittlerer Länge, kraftvoll, nicht spitz. Nasenschwamm breit, gut ausgebildete Nasenlöcher.

Augen
Mittelgroß, dabei Intelligenz und freundlichen Ausdruck zeigend.

Behang
Nicht groß oder schwer, dicht am Kopf anliegend, weit hinten angesetzte Ohren.

Die Augen sollten von mittlerer Größe, mit intelligentem, freundlichem Ausdruck sein.

Gebiss
Kiefer und Zähne kräftig, mit perfektem, regelmäßigem und vollständigem Scherengebiss, wobei die obere Schneidezahnreihe ohne Zwischenraum über die untere greift und die Zähne senkrecht im Kiefer stehen.

Hals
Muskulös, trocken und kräftig, in gut gelagerte Schulter übergehend.

Gebäude
Brust von guter Tiefe und Breite, stark gewölbter „fassförmiger" Rippenkorb. Gerade obere Linie; breite, kurze und kräftige Lendenpartie.

Vorhand
Schulterblätter lang und schrägliegend,

Vorderläufe mit kräftigen Knochen und von den Ellenbogen zum Boden gerade, sowohl von vorn wie auch von der Seite betrachtet.

Hinterhand
Gut ausgebildet, nicht zur Rute abfallend, gut gewinkelte Kniegelenke. Tiefstehende Sprunggelenke, Kuhhessigkeit im höchsten Maße unerwünscht.

Pfoten
Rund, kompakt; gut aufgeknöchert mit gut ausgebildeten Ballen.

Rute
Kennzeichnendes Merkmal, sehr dick am Ansatz, sich allmählich zur Rutenspitze hin verjüngend, mittellang, ohne Befederung, jedoch rundherum stark mit

Labrador Retriever sollten schwarz, gelb oder wie dieser Hund leber- oder schokofarben aussehen.

Carol Ann Johnson

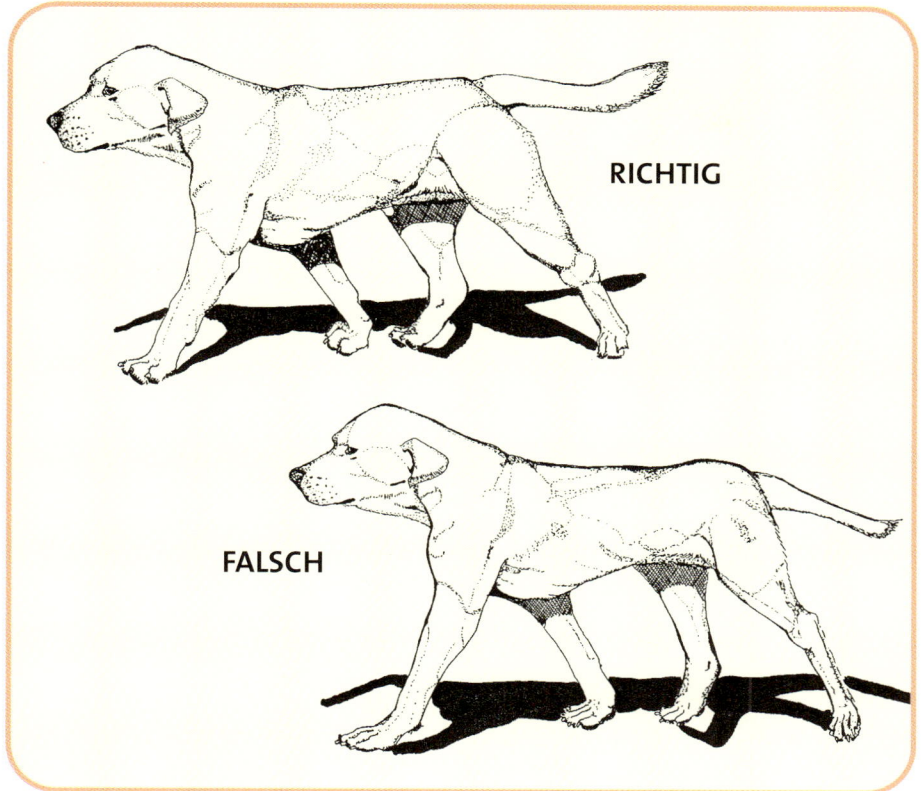

RICHTIG

FALSCH

Die unverwechselbare Rute ist das Kennzeichen des Labrador Retrievers. Seine Brust sollte von guter Tiefe und Breite sein und einen stark gewölbten „fassförmigen" Rippenkorb aufweisen. Eine gerade Oberlinie mit breiter, kurzer und kräftiger Lendenpartie zeichnen einen Labrador Retriever aus.

kurzem, dickem und dichtem Fell bedeckt, damit in der Erscheinung „rund", dies wird mit „Otterschwanz" umschrieben. Kann freundlich, sollte jedoch nicht gebogen über dem Rücken getragen werden.

Gangart und Bewegung
Frei, raumgreifend, dabei in Vor- und Hinterhand gerade und parallel.

Haar
Kennzeichnendes Merkmal, kurz, dicht, nicht wellig, ohne Befederung; fühlt sich ziemlich hart an, wetterbeständige Unterwolle.

Farbe
Einfarbig schwarz, gelb oder leber-schokoladenfarben. Gelb reicht von hellcreme bis fuchsrot. Ein kleiner weißer Brustfleck ist statthaft.

Größe
Ideale Schulterhöhe:
Rüden   56–57 cm (22–22.5 inch)
Hündinnen 54–56 cm (21,5–22 inch)

Anmerkung
Rüden sollten zwei offensichtlich normal entwickelte Hoden aufweisen, die sich vollständig im Skrotum befinden.

	RICHTIG	**FALSCH**

Behang
Nicht grob oder schwer, dicht am Kopf anliegend, weit hinten angesetzte Ohren.

Gebiss
Kräftig, mit perfektem, regelmäßigem und vollständigem Scherengebiss, wobei die obere Schneidezahnreihe ohne Zwischenraum über die untere greift und die Zähne senkrecht im Kiefer stehen.

 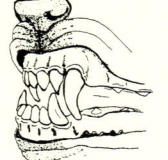

Vorhand
Schulterblätter lang und schrägliegend, Vorderläufe mit kräftigen Knochen und von den Ellenbogen zum Boden gerade, sowohl von vorn wie auch von der Seite betrachtet.

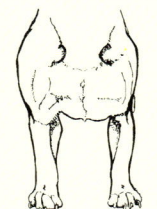 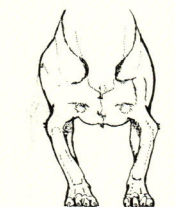

Pfoten
Rund, kompakt; gut aufgeknöchert mit gut ausgebildeten Ballen.

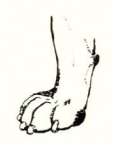 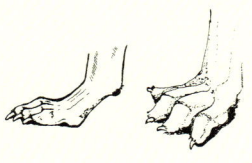

Rute
Kann freundlich, sollte jedoch nicht gebogen über dem Rücken getragen werden.

Hinterhand
Gut ausgebildet, nicht zur Rute abfallend, gut gewinkelte Kniegelenke. Tiefstehende Sprunggelenke, Kuhhessigkeit im höchsten Maße unerwünscht.

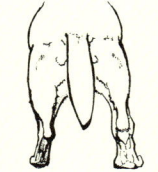 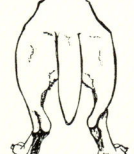

Ihr Labrador Retriever als Welpe

Überlegungen des künftigen Besitzers

Ein reinrassiger Hund, so vielseitig und begabt wie der Labrador Retriever, zieht viele Bewunderer an. Ob Sie Ihren Labrador einfach als Familien- oder Ausstellungshund halten oder einen Hund für sportliche Zwecke oder gar eine jagdliche Ausbildung suchen, es gibt in jedem Fall viel zu beachten. Den passenden Welpen zu finden, ist gar nicht so einfach, wie es vielleicht erscheint.

Habe ich genügend Zeit?

Glauben Sie wirklich, Sie haben ausreichend Zeit, sich um Ihren Hund zu kümmern? Wöchentlich mehrere Stunden Training sind für Hunde, die für die Jagd oder Agility ausgebildet werden sollen, keine Seltenheit, sondern die Regel. Nehmen Sie den Erwerb eines Labrador Retrievers also nicht zu leicht. Dies ist ein anspruchsvoller Hund, der sein ganzes Leben mit Ihnen teilen will. Auch die ganz normale Grunderziehung des Familienhundes braucht Zeit. Sie müssen auch daran denken, dass Sie die Verantwortung für dieses Lebewesen nicht nur für ein paar Monate übernehmen. Normalerweise wird der Labrador Retriever zehn bis 14 Jahre alt. Dies ist auch ein

Labrador Retriever benötigen viel Platz für die Erziehung im Freien. Diese Gesichtspunkte müssen Sie beim Kauf eines Hundes bedenken.

beträchtlicher Teil Ihres Lebens. Wissen Sie, was Sie in zehn Jahren tun werden oder wie Sie dann leben? Natürlich wissen Sie das nicht, aber Sie müssen sich bewusst machen, dass der Hund von nun an ein Teil Ihres Lebens ist. Das kann dazu führen, dass Sie bestimmte berufliche oder private Entscheidungen auch den Bedürfnissen Ihres Hundes unterordnen müssen.

> ## Die Ahnentafel
>
> Zusammen mit dem Welpen werden Sie vom Züchter die Ahnentafel bekommen. Auf der Ahnentafel können Sie die Vorfahren Ihres Hundes in drei Generationen zurückverfolgen. Nur mit einer von der FCI-anerkannten Ahnentafel ist es möglich, die großen internationalen Ausstellungen zu besuchen, oder an retrieverspezifischen Ausbildungskursen teilzunehmen.

Habe ich genügend Platz?

Sicher, ein Welpe benötigt im Vergleich zum erwachsenen Hund noch verhältnismäßig wenig Platz. Welpen spielen zwar sehr gerne, sie schlafen aber auch noch viel. Doch auch sie haben schon Anspruch auf einen getrennten Fress-

Der sicherste Weg, einen gesunden Labrador Retriever-Welpen zu erwerben, ist der Kauf bei einem anerkannten Züchter.

und Schlafplatz. Ersterer befindet sich am besten in der Küche, der Schlafplatz, an dem sich die meisten Hunde auch tagsüber ausruhen, sollte in einer ruhigen Ecke in einem ansonsten belebten Zimmer befinden. So fühlt sich Ihr Hund niemals von der Gemeinschaft ausgeschlossen. Bereits nach sechs Monaten wird Ihr Hund etwa 30 kg wiegen und etwas mehr Platz benötigen. Es dauert nicht einmal zwölf Monate, bis Ihr Welpe beinahe die Größe eines erwachsenen Labradors erreicht hat. Auch wenn ein gut erzogener Hund Ihnen niemals lästig werden sollte, ist die Präsenz des augewachsenen Labradors sicher spürbarer als die des Welpen. Für einen Rückzieher ist es jetzt jedoch zu spät. Also überlegen Sie es sich vor der Anschaffung lieber zweimal, ob Sie auch wirklcih bereit sind, ihre Wohnung mit Ihrem Hund zu teilen.

Besitze ich die notwendige Konsequenz?

Sie müssen Ihren Labrador Retriever erziehen, die Regeln im Haus festlegen, so dass Sie ihm, wo immer er sich gerade im Hause aufhält, vertrauen können. Natürlich ist schon die Welpenphase wichtig, um Ihrem Hund Gebote und Verbote konsequent zu verdeutlichen. Vor den üblichen Problemen, die auch bei jeder anderen Rassen vorkommen können, sind natürlich auch Besitzer des

Wussten Sie schon?

Ihr Welpe muss gut genährt aussehen und darf keinen aufgeblähten Unterbauch haben. Dies könnte ein Anzeichen für einen Wurmbefall oder eine falsche Ernährung sein. Der Körper soll fest und kräftig sein. Die Bauchhaut soll hellrosa und sauber sein, ohne Ausschlag oder Kratzern. Ein Hund, der so aktiv ist wie der Labrador Retriever, muss seine Energien auch irgendwo abladen dürfen; berücksichtigen Sie dies. Haben Sie einen umzäunten Garten, so sollten Sie Ihrem Hund den ungehinderten Zugang ermöglichen. Dies ist natürlich kein Ersatz für tägliche Spaziergänge. Ein unausgelasteter Hund neigt zum Streunen und zu destruktiven Verhaltensweisen auch in der Wohnung. Sie sollten sich ganz und gar für das Wohl dieses energiegeladenen Tieres einsetzen. Wenn Sie nicht jeden Tag mit dem Hund spazieren gehen, unabhängig vom Wetter, dann wählen Sie lieber keinen Labrador Retriever als Begleiter. Ein Hund in dieser Größe braucht viel Bewegung.

Informieren Sie sich vor dem Kauf bei einem anerkannten Züchter oder holen sich gute Ratschläge auf einer Hundeausstellung.

Labradors nie hundertprozentig sicher. Kleine Beschädigungen am Fußbodenbelag, an Möbeln oder Blumen können immer einmal vorkommen. Jedoch sollten Sie diese Zeichen auch ernst nehmen und sich fragen, ob Sie in der Haltung vielleicht doch etwas falsch machen. Vielleicht ist Ihr Hund wirklich nicht ausgelastet oder Sie lassen iihn zu lange allein. Am wenigstens dieser Unfälle passieren tatsächlich dann, wenn Sie Ihre Freizeit, am Wochenende oder in den Ferien, mit Ihrem Hund gemeinsam verbringen. Der Hund fühlt sich wohl, ist

ausgelastet und kommt so gar nicht erst auf dumme Gedanken. Diese Gemeinschaft wird sogar noch inniger, je mehr Zeit Sie miteinander verbringen. Haben Sie sich einmal mit allen Konsequenzen für einen Labrador Retriever entschieden, so werden Sie hoffentlich feststellen, dass es sich für Sie gelohnt hat, diese Rasse zu wählen. Tatsächlich gilt auch für viele Besitzer von Labrador Retriever, dass sie ihrer Rasse treu bleiben.

Welche Farbe Ihr Labrador Retriever haben soll, ist eine Frage des persönlichen Geschmacks.

Die Auswahl des Welpen

Einen gesunden Welpen zu bekommen, ist keine Frage des Glücks. Am besten wenden Sie sich an einen ortsansässigen, angesehenen Züchter, der Mitglied in einem dem VDH (Verband des Deutschen Hundewesens e.V.) angeschlossenen Vereine ist. Dies ist nur ein Vorschlag. Suchen Sie einen Labrador als Familienhund oder möchten Sie gar einen Welpen, der Ausstellungsqualitäten erkennen lässt? Oder suchen Sie einen guten Apportierhund, der sich im Feld behauptet? Vereinslose Neuzüchter und Hundebesitzer, die Anzeigen mit attraktiven Preisen in den lokalen Zeitungen setzen, sind vielleicht sehr lieb zu ihren Hunden, haben aber eventuell

Rüde oder Hündin?

Bei der Auswahl des Welpen ist das Geschlecht nicht unwichtig. Als Familienhund ist eine Hündin oft geeigneter. In Anbetracht des weiblichen Interesses für alle jungen Lebewesen, begegnen Sie ihnen tolerant und geduldig. Sollten Sie Ihren Hund nicht kastrieren lassen, wenn er geschlechtsreif ist, dann achten Sie besonders während der Hitzeperiode auf die Hündinnen.

Sie sollten Ihren neu er-worbenen Labrador Retriever-Welpen inner-halb der ersten beiden Wochen nach der Übernah-me von Ihrem Tierarzt unter-suchen lassen.

Schaden, der nicht ausbleiben kann, wenn man den liebgewonnenen Hund später leiden sieht. Besuchen Sie mit Ihrem neuen Welpen möglichst innerhalb der ersten beiden Wochen nach der Übernahme vom Züchter den Tierarzt, der den Welpen einer umfangreichen Grunduntersuchung unterzieht. Dabei können Sie mit ihm gleich die Termine für die wichtigen Auffrischimpfungen vereinbaren. Überprüfen Sie die Ohren des Hundes auf Ohrmilbenbefall. Dies ist bei Welpen häufig der Fall. Unbehandelter Befall der Ohren kann im schlimmsten Fall zum Verlust des Gehörs führen. Schenken Sie häufigem Kratzen und Schütteln des Kopfes Beachtung, dies sind eindeutige Symptome, die auf ein Problem hinweisen. Der Befall kann vom Tierarzt meist sehr schnell durch ein geeignetes Mittel gestoppt werden.

Ihr Heim muss auf die Ankunft des Welpen vorbereitet sein. Alle gefährlichen Gegenstände müssen sich außerhalb seiner Reichweite befinden.

nicht genügend Sachverstand oder andere erforderliche Möglichkeiten für eine erfolgreiche Zucht. Eine falsche Ernährung der Mutter oder der Welpen in der Wachstumsphase kann schlimme Folgen für die weitere Entwicklung der Junghunde haben. Eine Magenverstimmung ist da noch das kleinste Übel. Rachitis, weiche Knochen, schlechte Zähne und andere Probleme sind schon ernster zu nehmen. Die eventuellen Anfangseinsparungen, die Sie beim Kauf eines Welpen ohne entsprechende Papiere eventuell machen, können schnell von anfallenden Tierarztrechnungen aufgezehrt werden. Ganz zu Schweigen vom entstandenen gefühlsmäßigen

Wählen Sie Ihren Welpen mit Bedacht bei einem seriösen Züchter aus.

Wussten Sie schon?

Auch die Futterkosten müssen erwähnt werden. Hunde leben heute nicht mehr von Essensresten und Tischabfällen. Aktive Hunde haben einen hohen Bedarf an Protein zum Aufbau von Knochen und Muskeln. Hunde sind nicht wählerisch beim Fressen, aber wenn sie nicht angemessen gefüttert werden, könnten sich schnell Probleme einstellen.

Die Auswahl der Farbe

Die Auswahl des Farbschlags ist ausschließlich eine Frage des persönlichen Geschmacks, aber egal welche Farbe Sie beim Welpen bevorzugen, er sollte immer ein gutes Pigment haben. Bei einem schwarzen Labrador Retriever ist alles schwarz, das Fell, die Ballen, die Nase, die Lefzen, die Augenlider, etc. Beim schokoladenbraunen Labrador sollten Nase und Pfoten zur Farbe des Hundes passen, wobei auch hier eine kräftige

Pigmentierung zu bevorzugen ist. Gelbe Labrador Retriever haben manchmal ein recht schwaches Pigment und bei weitem nicht immer schwarze Nasen. Gelbde Retriever zeigen häufig eine Winternase, bei der die Pigmentierung im Winter schwächer, zum Sommer hin wieder intensiver wird. Die Schattierungen bei schokofarbenen und gelben Labrador Retriever variieren häufig, vermieden werden weiße Flecken, lohfarben auf schoko oder scheckige Platten (Kombination von braunen und schwarzen Haaren). Während der Farbe im einzelnen in der Zucht keine Bedeutung beigemessen wird, werden nur drei Farben gelb, schwarz und chocolate als wahre Labrador Retriever anerkannt. Dementsprechend werden Hunde mit Farbfehlern häufig wesentlich unter dem Preis abgegeben, die für korrekt gefäbte Welpen verlangt werden. Da die Farbe keinen Einfluss auf die Gesundheit und das Wesen des Labradors hat, ist dies eine gute Gelegentlich, günstig an einen

Der Kauf eines Welpen sollte immer wohl überlegt sein. Kaufen Sie keinen Welpen aus einer Laune heraus.

Hund zu kommen, wenn Sie nicht vorhaben, ihren Hund nicht auszustellen oder mit ihm zu züchten. Denken Sie aber nicht, Sie erhielten einen Hund zweiter Wahl. Der Hund, den Sie erwerben, ist ein vollwertiger Labrador Retriever, der allein dm gültigen Standard nicht vollends entspricht.

Wussten Sie schon?

Leider kommt es vor, dass Welpen von Leuten erworben werden, die sich vor dem Kauf zu wenig mit der Hundehaltung beschäftigt haben. Es ist dann immer der Welpe, der leidet, wenn er sich wieder an einen neuen Besitzer gewöhnen muss, oder schlimmstenfalls enfach irgendwo ausgesetzt wird. Wenn Sie aber alle Ihre „Hausaufgaben" gemacht und sich auf die Ankunft des Welpen vorbereitet haben, dann ist dies für Sie beide von Vorteil. Je besser Sie sich informieren und je genauer Sie wissen, was Sie erwartet, desto besser sind Sie auf die Höhen und Tiefen der Hundehaltung vorbereitet und wissen, wie sich Ihr Welpe entwickeln wird. In Vorfreude auf den Welpen fallen oft Versprechungen von einzelnen Familienmitgliedern wie: „Ich werde ihn täglich ausführen" , „Ich werde ihn füttern", „Ich werde ihn erziehen", usw. All diese Dinge kosten Zeit und Versprechungen sind schnell vergessen, wenn das Neue erst seinen Reiz verloren hat.

Welche Wahl treffen Sie?

Der Labrador Retriever soll sich im Welpenstadium schnell und leicht bewegen, ohne Tendenz zu stolpern oder mit der Hinterhand zu schleifen. Schauen Sie in den Fang, überzeugen Sie sich vom gleichmäßigen Gebiss, wobei kleine Fehler beim heranwachsenden Hund oft noch ausgeglichen werden. Wenn Sie Zweifel haben, bitten Sie darum, den Fang der Elterntiere zu betrachten. Dieses ist ein sehr wichtiger Punkt. Kaufen

Sie keinen Welpen ohne vorher die Elterntiere gesehen zu haben. Die Hündin muss sich im Besitz des Züchters befinden und bei ihren Welpen leben. Der Zuchtrüde befindet sich meist nicht im Besitz des Züchters, er sollte aber, handelt es sich um einen seriösen Züchter, zumindest ein Bild und die Kopie seiner Ahnentafel im Besitz haben und Ihnen zeigen können. Sollte der Züchter nichts über den Zuchtrüden wissen, werden Sie misstrauisch und suchen am besten nach einem anderen Züchter.

Verpflichtung des Hundebesitzers

Bisher haben Sie, wahrscheinlich ohne es groß gemerkt zu haben, schon einige wichtige Entscheidungen bei der Auswahl des Welpen getroffen. Sie haben sich zum Beispiel aus einer Vielzahl von Rassen für einen Labrador Retriever entschieden. Sie haben mit dieser Rasse einen Hund ausgewählt, der in seiner Art am besten zu Ihnen, Ihrer Familie und Ihrem Lebensstil passt. Sie sind anschließend zu möglichst verschiedenen Züchtern gegangen und haben sich für den Züchter entschieden, der auf Sie einen verantwortungsbewussten, gewissenhaften Eindruck gemacht hat und der natürlich auch gute Labrador Retriever züchtet. Er sollte Sie auch nach dem Kauf betreuen und Sie auf dem weiteren Weg mit Ihrem Welpen unterstützen. Haben Sie den ganzen Wurf beobachtet, dann hatten Sie einen direkten Blick auf die Dynamik des Wurfes werfen können. Auf diese Art konnten Sie lernen, dass

Diese Labrador Retriever-Welpen sind zu jung für ein neues Zuhause. Aber Ihr Züchter wird Ihnen sicher den von Ihnen ausgesuchten Welpen reservieren, bis er alt genug für die Abgabe ist.

39

jeder Welpe schon seine eigene Persönlichkeit hat. Vielleicht haben Sie sich sogar schon in einen ganz besonderen Welpen verliebt? Wie auch immer, wenn Sie Ihren Traum-Labrador Retriever jetzt auch noch nicht gefunden haben, dann helfen Ihnen diese Beobachtungen der Welpen sicher dabei, an bestimmten Verhaltensweisen zu erkennen, welche Veranlagung der Welpe besitzt. Sie werden bereits nach kurzer Zeit in der Lage sein zu unterscheiden, wer einmal der Anführer sein wird, wer eher zurückhaltend, schüchtern, verspielt oder vielleicht sogar aggressiv sein wird. Sie werden auch erkennen, wie ein gesunder Welpe aussieht und wie er sich verhält. Auf der Suche nach Ihrem Labrador Retriever werden Ihnen solche Dinge helfen. Wenn Sie dann den Labrador Retriever gefunden haben, der zu Ihnen passt, dann merken Sie das einfach. Die geeignete Rasse finden, einen guten Züchter ausmachen, möglichst viele Welpen beobachten, all dies sind wichtige Schritte für Sie auf dem Weg zum Hundebesitzer. Es kostet viele Mühen

und Sie haben noch nicht einmal einen Welpen mit nach Hause gebracht! Aber eine überstürzte Anschaffung ist sicher das Schlechteste, was Sie machen könnten. Die letztendliche Auswahl des Welpen müssen Sie mit Ihrer ganzen Familie treffen. Schließlich sollte sich später ja auch jedes Familienmitglied um den Hund kümmern.

Natürlich soll der Welpenkauf auch Spaß machen und nicht nur ernst oder nicht mit viel Arbeit verbunden sein. Aber ein Welpe ist keine lebloses Stofftier oder ein dekoratives Ausstellungsstück, sondern er wird ein richtiges Familienmitglied. Sie werden merken, dass es nicht einfach ist, Hundehalter zu sein. Doch entspannen Sie sich ... der Spaß schon geht los, wenn der Welpe zu Ihnen nach Hause kommt. Bedenken Sie immer, der Welpe ist ähnlich wie ein kleines Baby, allerdings mit etwas mehr Fell. Ein neugeborenes Baby ist in dieser Welt praktisch hilflos und es vertraut seinen Eltern, die alle seine Bedürfnisse erfüllen. Genauso vertraut Ihnen Ihr Welpe. Neben seinem Fressen, Trinken und einer Unterkunft braucht

Manchmal scheint es fast so, als würde nicht der Mensch seinen Welpen, sondern der Welpe seinen Menschen aussuchen, so zielstrebig kommen sie auf einen zu!

Ein geflochtener Korb sieht vielleicht sehr hübsch aus, wird aber von den Welpen schnell zerkaut und lässt sich nur schwierig reinigen, wenn einmal ein „Unfall" passiert.

er Pflege, Schutz, Geborgenheit und Liebe. Wenn Sie nicht bereit sind, eine derartig große Verpflichtung einzugehen, dann sollten Sie sich auch keinen Hund anschaffen. „Halt!" sagen Sie plötzlich – wie kann das so schwer sein? Alle meine Nachbarn besitzen Hunde und es sieht alles einfach aus. Warum muss ausgerechnet ich mir über all das Sorgen machen? – Gut, Sie sollten sich keine Sorgen machen, aber Sie müssen sich Ihrer Verpflichtungen schon sehr bewusst sein. Auch Ihre Nachbarn haben sich diese Fragen hoffentlich einmal gestellt. Die Anschaffung eines Hundes ist wirklich ein einschneidende Ereignis in Ihrem Leben. Einem verspielten, neugierigen Labrador-Welpen alles beizubringen, was er für ein soziales Mitein-

ander wissen muss, ist keine leichte Aufgabe. Schließlich soll er ein wohlerzogener, erwachsener Hund werden, der Ihr bester Freund werden kann.

Wussten Sie schon?

Eine Vielzahl von Problemen, die oftmals bei jungen Welpen auftauchen, verschwinden mit zunehmendem Alter. Wie Sie mit den Problemen eines jungen Hundes umgehen, das wird entscheidend für sein Verhalten als erwachsener Hund sein. Es ist von Anfang an wichtig, die Rudelführung klar festzulegen, die hoffentlich bei Ihnen liegen wird. Diese Festlegung wird den Weg für den Rest Ihres Zusammenlebens bestimmen.

Ein großer Drahtkäfig ist auch im Haus gut zu gebrauchen. Der Hund sieht alles, was rundherum geschieht.

Einen geeigneten Platz im Haus vorbereiten

Die Rasse aussuchen und einen geeigneten Züchter finden, das sind nur zwei Aspekte der „Hausaufgaben", die Sie erledigen müssen, bevor Sie einen Labrador Retriever-Welpen zu sich ins Haus holen. Sie müssen Ihre Familie und Ihr Zuhause auf den Zuwachs vorbereiten. Vieles erinnert tatsächlich an die Vorbereitungen, die Sie treffen müssen, wenn ein Baby auf die Welt kommt. Eine Stelle im Haus sollten Sie dem Welpen als seine

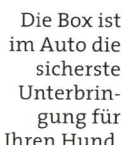

Käfige sind nicht grausam! Sie sind zur Unterbringung und Erziehung sehr effektiv.

Ecke überlassen, als würden Sie ein Kinderzimmer einrichten. Wie Sie Ihr Haus vorbereiten, das hängt davon ab, wieviel Freiraum Sie dem Hund erlauben: Wird er auf einen Raum oder einen bestimmten Bereich im Haus beschränkt oder wird ihm erlaubt herumzulaufen, wie

Die Box ist im Auto die sicherste Unterbringung für Ihren Hund.

es ihm gefällt. Hat Ihr Hund ständigen Zugang zum Garten, soll er sich hauptsächlich im Haus aufhalten? Wie auch immer Sie sich entscheiden, dieser Platz sollte er „sein Eigen" nennen dürfen. Wenn Sie Ihren Welpen in Ihr Heim bringen, dann tun Sie bestimmt alles, damit es auch sein Heim wird. Doch Sie wollen sicherlich auch nicht, dass Ihr Hund über kurz oder lang das gesamte Haus einnimmt. Er muss sich erst mit der Umgebung vertraut machen, um sich ordentlich anzupassen.

Rufen Sie sich immer wieder in Erinnerung: Der Welpe verlässt die Wärme und Sicherheit der Mutter und der Wurfgeschwister. Die Vertrautheit des einzigen Ortes, den er je sah. Es ist deshalb sehr wichtig, ihm den Übergang so leicht wie möglich zu gestalten. Lassen Sie den Welpen fühlen, dass er an diesem neuen, für ihn fremden Ort willkommen ist. Es dauert gewiss nicht lange, bis er sich eingewöhnt hat. Ein sehr plötzlicher Übergang kann hingegen zu einem traumatischen Schock führen. Stellen Sie sich vor, wie ein kleines Kind sich in derselben Situation fühlen würde – dem Welpen ergeht es ähnlich. Es liegt nun an Ihnen, ihn wissen zu lassen: „Hallo kleiner Freund, dir soll es hier gut gehen!"

diese aber vernünftig, rassegerecht und verantwortungsbewusst verwendet wird, ist das Gegenteil der Fall. Käfige bedeuten nicht Grausamkeit oder Härte – Käfige kommen der natürlichen Behausung des Hundes, einer Höhle, sogar näher, als das beliebte Hundekörbchen. Die Box bietet Obhut und ist ein ideales Hilfsmittel bei der Ausbildung. Der Käfig ist auch eine sichere Unterbringung, wenn Sie reisen, egal ob mit dem Zug, dem Auto oder dem Flugzeug. Das wichtigste ist vielleicht, dass der Käfig für den Hund Geborgenheit bedeutet. Der Käfig bedeutet für den Hund, es ist sein eigener Platz in Ihrem Haus. Er dient gewissermaßen als „Hundeschlafzimmer" – Ihr Labrador Retriever kann sich, wenn er möchte, darin zurückziehen, sich zusammenrollen und schlafen oder auch einmal eine Pause machen. Viele Hunde schlafen auch nachts in ihren Käfigen.

Der Zubehörhandel bietet Ihnen eine Vielfalt an Käfigen und Boxen.

Was Sie anschaffen sollten

Bevor der Welpe zu Ihnen kommt, müssen Sie zumindest die Grundausstattung für ihn besorgen, damit er sich von Anfang an bei Ihnen wohlfühlen kann. Hierzu gehören die verschiedensten Dinge vom geeigneten Spielzeug bis zur gemütlichen Decke, vom Halsband bis zum Fressnapf.

Die Hundebox

Für jemanden, der mit dem Gebrauch der Hundebox nicht vertraut ist, sieht ihr Einsatz schnell wie eine Art Bestrafung aus. Wenn jemand die Box dafür benutzt, den Hund den Tag über darin einzusperren, ist dies auch sicher falsch. Wenn

Decken und alte Kopfkissen sind nicht das richtige Lager für Ihren Hund. Kaufen Sie nur spezielle Hundedecken.

Draht-Faltkäfig oder Hartplastik-Box?

Wenn der Käfig mit weichen Decken und seinem Lieblingsspielzeug ausgestattet ist, dann wird er eine Art gemütlicher Höhle für Ihren Hund. Ähnlich wie seine Vorfahren, wenn er Trost sucht, zieht sich unser Hund in seine Höhle zu-

Hunde spielen gerne miteinander, doch sollten Sie das Spiel immer beaufsichtigen..

rück. Sie ist natürlich etwas luxuriöser eingerichtet als eine Höhle mit Blättern und Zweigen. Soweit zu den Vorteilen eines Käfigs. Den Typ müssen Sie dann selbst aussuchen. Es wird sicherlich einer der zwei beliebtesten Arten sein, für den Sie sich entscheiden – ein Faltkäfig aus Metall oder eine Box aus Kunststoff. Jede hat dabei gewisse Vor- und Nachteile. Zum Beispiel ist der Draht- oder Gitterkäfig nach allen Seiten hin offen, luftdurchlässig und erlaubt dem Hund somit eine gute Rundsicht. Als Faltkäfig lässt sich dieses Model zudem platzsparen zusammenklappen, wenn man den Käfig einmal nicht braucht. Die Kunststoffbox ist stabil und kann auch als Reisebox (beispielsweise im Auto oder Flugzeug) dienen. Die Größe des Käfigs oder der Box muss der Größe Ihres Hundes angemessen sein. Welpen bleiben nicht immer klein. Manchmal wachsen sie – so scheint es – vor Ihren Augen, während Sie zuschauen. Ein für einen ausgewachsenen Yorkshire Terrier ausreichender Käfig, kann für einen Labrador Retriever-Welpen durchaus geeignet sein. Es dauert allerdings nicht lange, bis er zu klein wird. Es ist natürlich praktischer und spart zudem eine Menge Geld, wenn Sie gleich einen Käfig besorgen, der auch für den ausgewachsenen Labrador, der bis zu 40 kg wiegen wird, noch genügend Platz bietet. Eine kleine oder mittelgroße Box wird für einen erwachsenen Labrador nicht genügen. Der Käfig muss so groß gewählt werden, dass der Hund sich darin problemlos setzen, umdrehen und hinlegen kann.

Wussten Sie schon?

Es ist sinnvoll, die Box Ihres Welpen, falls sie etwas größer ist, in der ersten Zeit zu unterteilen. Wenn die Box zu geräumig ist, wird es ihm nichts ausmachen, dort auch sein Geschäft zu verrichten. Ihre Bemühungen, ihn stubenrein zu bekommen, wären leider vergeblich. Hunde halten ihren Schlafplatz instinktiv sauber. Wenn der Welpe sich aufgrund des reichlichen Platzangebotes weit genug von seinem „Bett" entfernen kann, um sich zu lösen, wird er dies auch in der Box tun. Mit dem Wachstum des Hundes lässt sich der abgeteilte Platz dann je nach Bedarf entsprechend vergrößern. Mit etwas Geduld und Verständnis werden Sie es schaffen, dass sich Ihr Welpe nach kurzer Zeit in seiner neuen Behausung wohlfühlt.

Der Zoofachhandel bietet Ihnen eine große Auswahl an sicherem und abwechslungsreichem Hundespielzeug für Ihren Labrador Retriever.

Decken

Eine oder auch zwei Decken im Käfig, werden dazu beitragen, dass sich der Hund wohl fühlt. Die Decke entspricht zum einen den Blättern und Zweigen, welche die Hunde in der freien Natur verwenden, um daraus eine „Höhle" zu bauen. Der Welpe kann hiermit seinen eigenen „Bau" im Käfig machen. Obwohl Ihr Welpe weit davon entfernt ist, wie seine Vorfahren zu handeln, ist der Höhleninstinkt bei ihm genetisch verankert. Zum anderen lebte der Welpe, bis Sie ihn zu sich holten, inmitten der Wärme der Mutter und seiner Wurfgeschwister. Obwohl eine Decke nicht das gleiche ist, wie ein warmer, atmender Körper, bietet sie ihm doch Wärme und Behaglichkeit, und er kann sich wunderbar dort hineinkuscheln. Waschen Sie die Decken regelmäßig aus. Sollte einmal ein Malheur im Käfig passieren, so entfernen Sie die Decke und ersetzen Sie diese. Ebenso, wenn sie zottig wird oder auseinanderzufallen beginnt.

Spielzeug

Spielzeug ist ein Muss für Hunde jeden Alters. Besonders für neugierige, verspielte Welpen. Welpen sind die „Kinder" in der Welt der Hunde und welches Kind liebt kein Spielzeug? Kaufähiges Spielzeug ist eine Freude für beide, Hund und Halter. Ihr Hund genießt sein Spielzeug und Sie freuen sich, dass Sie ihn von Ihren teuren Schuhen und vom Leder-

Wussten Sie schon?

Es gibt eine Vielzahl Hundespielzeug. Seien Sie bedacht bei der Auswahl. Es ist beeindruckend, was Welpenzähne in kürzester Zeit mit einem harmlos aussehenden Spielzeug anrichten können. Deshalb sollte immer zuerst an die Sicherheit gedacht werden. Wählen Sie das haltbarste Produkt, das Sie finden. Eine apportierfreudige Rasse wie der Labrador Retriever, liebt es, etwas in seinem Fang zu transportieren. Mit harten Nylonknochen und Spielsachen sind sie auf der sicheren Seite. Viele Spielsachen gibt es auch in den unterschiedlichsten Duft- und Geschmacksrichtungen. Es ist ein großer Spaß, wenn Sie mit Ihrem Hund fangen spielen. Hierfür gibt es Bälle und Frisbee-Scheiben, die speziell für Hundezähne hergestellt wurden und entsprechend widerstandsfähig sind.

sofa ablenken. Welpen kauen gern; tatsächlich ist es ein körperliches Verlangen, wenn die Welpen „zahnen" und dann sieht alles appetitlich aus! Der Welpe unterscheidet nicht zwischen einer Spülschüssel oder Ihrem Orientteppich – alles ist gerade richtig für einen zahnenden Welpen. Sie sind bei der Auswahl nicht sehr kritisch, alles schmeckt gut, sobald sie ihre Zähne buchstäblich in etwas versenken. Stofftiere oder ähnliches sind hier etwas anderes. Sie sind gut, um den Hund etwas zur Gesellschaft mit in den Käfig zu geben. Seien Sie aber vorsichtig mit den Stofftieren, denn der Welpe kann den neuen Kameraden schnell zerfetzen und zurück bleiben nur die harten Augen o. ä., an denen der Welpe schnell ersticken könnte.

Ebenso sind quietschende Spielzeuge sehr beliebt. Es gibt Hunde, die beim ersten quietschenden Geräusch aus dem entferntesten Winkel des Hauses angelaufen kommen, um damit zu spielen. Noch einmal sei hier erwähnt, wenn der Welpe dieses Quietschspielzeug zerkaut, dann kann es gefährlich werden, wenn er das Innere herunterschluckt. Überwachen Sie den Zustand der Spielsachen sorgfältig und entfernen sie diese, wenn sie derartig zerkaut sind, dass sie gefährlich werden können. Verfahren Sie ebenso vorsichtig mit Knochen, die in scharfkantige, gefährliche Stücke splittern. Lederkauknochen, die lange genug durchgekaut wurden, sind auch mit entsprechender Vorsicht zu genießen. Wenn der Welpe zu viel geschluckt hat, äußert sich das später im Erbrechen des Hundes, was durchaus auf dem Teppich erfolgen kann.

Stop-Halsbänder sollten nur beim Training benutzt werden. Im Umgang damit wird viel Erfahrung und Geschicklichkeit vom Hundeführer verlangt.

Leinen

Eine Nylonleine ist wahrscheinlich die beste Lösung, da sie die höchste Widerstandsfähigkeit bietet, wenn die Welpen mit ihren kleinen Zähnen auf der Leine herumkauen. Natürlich ist dies eine schlechte Angewohnheit Ihres Welpen, zu der Sie es gar nicht erst kommen lassen sollten, doch falls Ihr Welpe darauf kauen sollte, so wird es für ihn sehr schwer sein, die feste Nylonschnur kaputt zu kauen. Nylonleinen sind außerdem sehr leicht, was die langsame Gewöhnung Ihres Welpen an die Leinenführigkeit unterstützt.

Für den täglichen Spaziergang an sicherer Leine ist die Nylonleine eine gute Wahl. Wenn Sie Ihren Welpen vorsichtig an die Leine gewöhnt haben und er es gelernt hat ordentlich daran zu gehen, ohne zu ziehen, dann können Sie den nun fast erwachsenen Hund auch an einer flexiblen Leine führen. Diese erlaubt ihm, seinen Radius auszudehnen. Ein Ruck an der Leine zeigt ihm, dass er zu Ihnen zurückkehren soll, wenn Sie ihn nah bei Fuß halten wollen. Besitzen Sie einen starken Labrador Retriever, der

Der Zoofachhandel bietet eine große Vielfalt an Halsbändern, Geschirren und Leinen in den verschiedensten Kombinationen an. Achten Sie auf die korrekte Größe.

Im Zubehörhandel für Hunde wird auch eine breite Palette an Futter- und Wassernäpfen angeboten. Entscheiden Sie sich für zwei Napf-Sets, jeweils eines für den Garten und eines für das Haus.

47

Es gibt Futternäpfe aus Kunststoff, Steingut und Edelstahl.

noch dazu tendiert an der Leine zu zerren, so sollten Sie eventuell eine dickere Lederleine in Betracht ziehen. Labrador Retriever brauchen aber viel Freilauf und so ist es sehr wichtig, dass Sie Ihren Hund gut erziehen, damit er auch einmal freilaufen kann und auf Rufzeichen wieder zu Ihnen zurückkommt, so dass man die Leine nicht immer braucht.

Halsbänder
Bereits Ihr Welpe sollte stets schon ein Halsband tragen. Wenn Sie wollen, so befestigen Sie die Hundemarke oder Erkennungsmarke (ID) daran. Leine und Halsband sind zwei fest zusammen gehörende Dinge. Für den Welpen ist ein Nylonhalsband eine gute Entscheidung. Sie sollten es so am Hals anlegen, dass der Welpe sich einerseits nicht dar-

aus befreien kann, andererseits sollte es locker genug sein, damit es bequem am Hals anliegt, ohne störend zu wirken. Als Faustregel gilt: Zwischen Hals und Halsband sollte immer ein bis zwei Fingerbreit Platz sein. Ein wenig Eingewöhnungszeit braucht der Welpe für das Halsband vielleicht. Bald wird er es als alltäglich betrachten und keinerlei Notiz mehr davon nehmen. Stop-Halsbänder sind für Hundetraining und -erziehung geeignet. Benutzt werden sollten sie nur von Hundebesitzern, die genaues Wissen im Umgang damit haben. Sollten Sie eine festere Lederleine oder gar eine Leine aus Kettengliedern zum Spazierengehen benutzen, dann benötigen Sie selbstverständlich auch ein festeres, stabileres Halsband.

Futter- und Trinknäpfe
Ihr Welpe benötigt zwei Näpfe. Einen für Futter und einen für Wasser. Zwei Sätze der Näpfe wären sinnvoll, wenn man einen für den Garten außerhalb des Hauses und einen für drinnen vorsieht. Je nachdem, wo sich der Hund zur Fütterungszeit gerade aufhält oder wo er die meiste Zeit des Tages verbringt. Es steht eine große Auswahl an Näpfen aus Edelstahl, Steingut oder Kunststoff zur Verfügung. Kunststoffschüsseln lassen sich „bekauen", bei Edelstahlausführungen oder Näpfen aus Steingut belässt es der Hund hingegen beim Versuch. Edelstahlnäpfe sind vorteilhafter und können auch gegebenenfalls sterilisiert werden. Viele Hundebesitzer benutzen auch Schüsselständer. Das Futter steht so höher und der Hund muss sich nicht so weit hinab beugen. Diese Art der Fütte-

Sie sollten für den Hund stets frisches Wasser verfügbar halten.

rung ist hilfreich für die Verdauung. Sie beugt zudem bei Hunden mit tieferem Brustkorb Blähungen und einer Magendrehungen vor. Die Gesundheit Ihres Hundes sollte absolute Priorität haben. Scheuen Sie sich deshalb nicht vor der zusätzlichen Anschaffung, den eine Magendrehung kann leider schnell tödlich enden.

Reinigungsbedarf
Solange Ihr Welpe noch nicht stubenrein ist, gehören kleine Malheure zum normalen Alltag. Kleine Pannen kommen vor und sind im momentanen Alter verständlich, weil der Welpe es noch nicht besser kann. Vielleicht haben Sie auch einmal im täglichen Stress die Anzeichen übersehen und sind nicht rechtzeitig mit ihm nach draußen gegangen. Alles, was sie nach einem „Unfall" tun können, ist, alle „Pannen" zu beseitigen. Alte Lappen, Handtücher, Zeitungen und ein mildes Desinfektionsmittel sind dabei nützlich und schnell zur Hand.

Zusätzlich zur Grundausstattung
Alles bisher Genannte sind Dinge, die notwendigerweise zum Zusammenleben mit einem Welpen gehören. Sie bilden die sogenannte Grundausstattung.

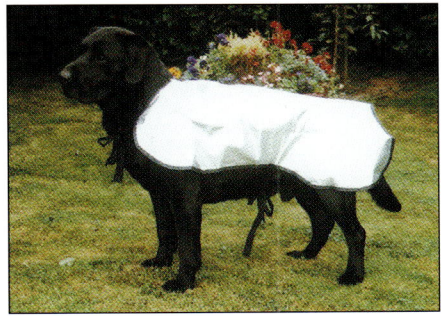

Regencaps sind für einen gesunden Labrador Retriever wirklich nicht notwendig.

Sie selbst werden mit der Zeit herausfinden, was Sie außerdem noch alles benötigen. Pflegemittel, Floh- oder Zeckenschutz-Präparate, Babygitter, um Teile des Wohnraums abzugrenzen, etc.

Edelstahlnäpfe sind die stabilsten und hygienischsten Trink- und Fressgefäße.

sind alles Dinge, die Sie vielleicht einmal benötigen werden. Es ist zunächst aber wichtig und sehr gut zu wissen, alles für die ersten Tage des gemeinsamen Lebens mit Ihrem Labrador Retriever getan zu haben. Sie haben es ihm so angenehm und bequem wie möglich gestaltet, alles Weitere hat Zeit.

Ein schwarzer Labrador Retriever und seine junge Freundin machen es sich hier bequem.

Ihr Haus wird welpensicher
Wenn Sie sich davon vergewissert haben, dass Ihr Welpe es in Ihrem Haus bequem und komfortabel haben wird, dann überzeugen Sie sich auch davon, dass Ihr Haus sicher für einen Labrador Retriever ist. Treffen Sie Vorsichtsmaßnahmen, damit der Welpe besser mit

einigen Sachen nicht in Berührung kommen kann. Kontrollieren Sie, dass es nichts Erreichbares gibt, womit er sich verletzen könnte. Ein Welpe knabbert alles, was er irgendwo findet, unkontrollierbar an. Während Sie sich in erster Linie um die Sicherheit des Welpen sorgen, scheint es andererseits dem Welpen zu gefallen, Ihr „Hab und Gut" zu zerstören. Wenn Ihr Welpe durchs Haus rennt, dann sollten zerbrechliche Gegenstände deshalb stets außerhalb seiner Reichweite sein. Wenn Ihr Hund sich nur in bestimmten Bereichen des Hauses aufhält, dann ist es ratsam, auch potentiell gefährliche Sachen aus diesem Bereich fernzuhalten. Elektrokabel können eine Gefahr darstellen, sollte der Welpe ausprobieren wie sie schmecken. Elektrokabel dürfen daher nicht einfach ungesichert herumliegen, sondern sollten unter Teppichen verschwinden, an der Wand befestigt werden oder in Kabelkanälen verlaufen. Wenn Ihr Hund sich in seinem Käfig aufhält, so vergewissern Sie sich, dass es nichts in seiner Reichweite gibt, was er neugierig beschnuppern oder gar mit seinen Pfoten

> ## Wussten Sie schon?
>
> Kein Züchter kann garantieren, dass der von Ihnen gekaufte Welpe niemals krank wird. Aber er muss Sie ehrlich über bekannte Gesundheitsprobleme informieren. War ein Welpe nachweislich schon vor dem Kauf krank, ist der Züchter zur Erstattung des Kaufpreises oder einer nachträglichen Minderung verpflichtet. Dies kann bis zu Schadenersatzleistungen gehen.
> Wichtig in diesem Zusammenhang ist, dass Sie dem Züchter einerseits vollständig vertrauen, andererseits auch auf die Einsicht in die vorhandenen Gesundheitszeugnisse bestehen. Die Elternhunde müssen auf HD und möglichst auch auf ED untersucht worden sein. Ebenso gehört heute eine Augenuntersuchung zum Standard für jeden verantwortungsbewussten Züchter.

durch das Gitter ziehen könnte. Haushaltsreiniger und andere chemischen Stoffe halten Sie ebenso von dem Welpen fern, wie sie es auch vor kleinen Kindern sichern würden.

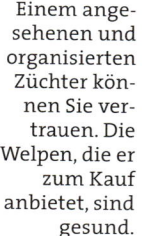

Einem angesehenen und organisierten Züchter können Sie vertrauen. Die Welpen, die er zum Kauf anbietet, sind gesund.

Natürlich ist es genauso wichtig, außerhalb des Hauses alles zu sichern. Vernünftigerweise darf Ihr Welpe nie unbeaufsichtigt sein. Ein Welpe, der sich frei im Garten aufhält, kann in alle möglichen Gefahrensituationen kommen. Selbst ein Zaun gibt Ihnen und dem Welpen dann nicht die notwendige Sicherheit. Sie werden überrascht sein, mit welcher Kleverness und Beharrlichkeit der Hund versucht, diesen Zaun zu unter-

graben oder schmale Öffnungen zu erweitern, über den Zaun zu klettern oder zu springen. Am besten bauen sie den Zaun so hoch, dass es wirklich unmöglich für den Hund ist, hinüber zu kommen (ungefähr zwei Meter Höhe sind ausreichend, beachten Sie aber vorhandene Bauvorschriften), und dabei tief genug in die Erde eingegraben ist, damit er ihn nicht untergraben kann. Achten Sie darauf, Lücken im Zaun zu reparieren und zu sichern. Überprüfen

Sie den Zaun regelmäßig auf seinen Zustand und führen etwaige Reparaturen aus. Ein sehr entschlossener Welpe macht sich solange an derselben Stellen zu schaffen, bis er endlich erfolgreich durch den Zaun gelangen kann.

Kaufvertrag und Impfpass gehören dazu.

Der erste Tierarztbesuch

Nun, Sie haben Ihren Welpen ausgesucht, in Ihrem Haus ist alles vorbereitet und die Familie ist sehr aufgeregt. Alles was Sie jetzt noch tun müssen, ist den Labrador Retriever vom Züchter abzuholen und dann geht der Spaß richtig los. Dennoch sollten Sie daran denken, einen Termin für den ersten Besuch beim Tierarzt zu vereinbaren. Dieser sollte in den ersten beiden Wochen nach der Übernahme liegen. Vielleicht kann Ihnen Ihr Züchter jemanden empfehlen, der in Ihrer Nähe wohnt und auf Labrador Retriever spezialisiert ist. Oder Sie selbst kennen einen Labrador Retriever-Besitzer, der zu einem guten Tierarzt geht. Egal wie, Sie sollten vorher mit dem Tierarzt einen Termin vereinbaren, und zwar bevor Sie Ihren Welpen abholen. Planen Sie unbedingt in den ersten Tagen eine erste Untersuchung ein.

Der erste Besuch beim Tierarzt beinhaltet eine allgemeine Grunduntersuchung, um sicherzustellen, dass der Welpe keinerlei Krankheiten oder andere Proble-

Trübe Augen und fehlende Begeisterung sind sichere Zeichen dafür, dass mit Ihrem Hund etwas nicht stimmt und er von einem Tierarzt begutachtet werden muss.

51

me hat, die man auf den ersten Blick nicht erkennen konnte. Weiterhin erstellt der Tierarzt einen Impfplan für den Welpen, an den Sie sich unbedingt halten müssen. Der Züchter hat Sie davon in Kenntnis gesetzt, welche Impfungen der Welpe bereits erhalten hat, so dass Ihr Veterinär die Auffrischungen darauf aufbauen kann.

was Sie nun tun sollten, wäre den Welpen mit all dem Neuen zu überfordern. Es würde ihn nur verängstigen. Es ist nicht so, dass menschlicher Kontakt nicht notwendig wäre, natürlich soll sich eine innige Verbindung zwischen Hund und Familie aufbauen, aber jetzt braucht der Welpe erst einmal seine Ruhe. Vorsichtige Berührungen und beruhigen-

Sie können einem Welpen noch nicht ansehen, ob er als erwachsener Hund ein Champion wird, aber man kann sicher auf unerwünschte Wesenszüge achten, die ihn bei einer Ausstellung ausschließen würden.

Einführung in die Familie

Jeder im Haus ist natürlich sehr aufgeregt, wenn er den Welpen das erste Mal sieht. Jeder will den Welpen anfassen und mit ihm spielen. Aber Sie sollten nichts übertreiben und nicht alles auf einmal auf den Welpen einstürzen lassen. Er ist natürlich sehr ängstlich, er ist schließlich das erste Mal ganz allein – ohne Mutter und Wurfgeschwister. Die Fahrt zu Ihnen nach Hause war vielleicht auch seine erste Autofahrt. Das Letzte,

de Worte trösten ihn über die Situation hinweg. Lassen Sie ihn seine Umgebung erkunden (natürlich unter Ihrer Aufsicht!). Der Welpe wird vielleicht die Familienmitglieder begutachten oder er erforscht sein Umfeld. Allmählich sollte sich dann jede Person eine Zeit mit ihm beschäftigen. Knien Sie sich dabei nieder und geben Sie ihm die Möglichkeit an Ihren Händen zu schnüffeln. Streicheln Sie ihn sanft dabei. Der Welpe benötigt jetzt Ihre Aufmerksamkeit und den direkten körperlichen Kontakt. So knüpft man einen sofortigen Bund.

Die erste Nacht zu Hause

Sie haben Ihren neuen Schützling vorsichtig in seiner Box nach Hause gefahren. Die Papiere wurden überprüft, Sie haben kontrolliert, dass geimpft und entwurmt wurde. Er hat die Familie ken-

zuvor. Das war nun der erste Tag! Er schlägt sich am Abend noch schnell den kleinen Wamst voll und ist fertig zum Schlafengehen ... das denken Sie jedenfalls! Vergessen Sie dabei nicht, es ist die erste Nacht des Welpen im neuen Heim und die erste Nacht in fremder Umgebung. Die erste Nacht, in der der Welpe allein schläft! Weder seine Mutter noch

Setzen Sie junge Labrador Retriever nicht auf ungesicherte Plätze. Diese Welpen hier fürchten sich vor der Höhe. Außerdem könnten Sie sich beim Versuch herunter zu springen leicht verletzen.

nengelernt und wahrscheinlich alle Familienmitglieder ausgiebig beschnüffelt und abgeleckt, die aufgeregten Kinder genauso wie die vielleicht nicht ganz so glückliche Katze. Er hat sein Umfeld erforscht, sein neues Lager, den Garten und alles andere, was ihm erlaubt wurde. Er aß seine erste Mahlzeit im neuen Zuhause und löste sich am geeigneten Platz. Er hat viele neue Geräusche gehört, seine neuen Freunde beschnüffelt und mehr von der Welt gesehen, als jemals

seine Wurfgeschwister sind mehr in Reichweite. Die Körpernähe und -wärme fehlen ihm und er ist ein wenig verstört, ihm ist kalt und er ist allein.

Beruhigen Sie Ihr neues Familienmitglied immer wieder. Dieses ist aber nicht der Zeitpunkt, um ihn zu verwöhnen. Man soll diesem unvermeidlichen Weinen nicht immer nachgeben. Welpen heulen und winseln, um die anderen wissen zu lassen, wo sie sind und hoffen auf Gesellschaft. Setzen Sie den Welpen in sein neues Bett in seinem Zimmer und schließen Sie die Tür. Gnädigerweise wird er sofort und ohne einen Mucks zu machen, einschlafen. Sollte sich das Weinen wiederholen, so ignorieren Sie es einfach. Dem Welpen geht es sicherlich gut. Seien Sie stark, denken Sie daran, was der Welpe möchte, geben Sie Ihrem Herzen keinen Stoß und sehen Sie nicht ständig nach ihm. Er wird schon einschlafen. Viele Züchter empfehlen, einen Gegenstand aus seiner Zuchtstätte in sein neues Bett zu legen. Der Geruch erinnert den Welpen an die Geschwister. Andere empfehlen, eine Wärmflasche mit ins Hundebett zu legen.

Die erste Nacht kann für Welpe und Familie stressig sein. Senken Sie zur Schlafenszeit die Geräuschkulisse im Haus. Auch herumtollen und spielen vor dem Schlafengehen ist nichts für den Welpen. Wenn Sie dies eimal erlauben, kann es sein, dass Ihr Welpe nun jeden abend bis spät in die Nacht mit Ihnen spielen will. Ihre Familie und Ihr Welpe werden es Ihnen danken, wenn Sie dies frühzeitig unterbinden.

Wussten Sie schon?

In der Sozialisationsphase, die nicht nur darin besteht, andere Menschen und Hunde kennenzulernen, kommen ganz alltägliche Dinge auf den Welpen zu, die für uns Menschen selbstverständlich sind wie Autofahren, Fell bürsten, Auto fahren, etc. Je mehr Erfahrungen Ihr Welpe sammelt und je positiver diese sind, desto aufgeschlossener ist er als erwachsener Hund.

Problemen Vorbeugen

Sozialisationsphase

Nachdem sie an alles gedacht und sämtliche Vorbereitungen getroffen haben, um dem Welpen ein neues Zuhause zu geben und ihn auch als neues Mitglied in die Familie aufgenommen haben, wird es nun Zeit, Spaß zu haben. Während der Sozialisationsphase haben sie die Gelegenheit, ihren neuen Freund auszuführen und mit ihm spazierenzugehen. Es wird Ihnen beiden von großem Nutzen sein, wenn der Welpe als niedliche pelzige Kreatur angesehen wird und alle Menschen, denen Sie begenen, ihn streicheln wollen und neidisch darauf sind, was Sie für einen niedlichen vierbeinigen Freund besitzen. Ihr Welpe sollte außer der eigenen Familie viele andere Menschen, Tiere und auch neue Lebenssituationen kennenlernen. Die in dieser

woche behutsam. Diese Zeit ist auch als Angst-Phase bekannt. Die Erziehung in diesem Abschnitt sollte besonders ruhig und sanft erfolgen. Sobald ihr junger Hund alle notwendigen Impfungen erhalten hat, meist nach der zwölften Lebenswoche, können Sie ihn unbesorgt ausführen (natürlich angeleint). Nehmen Sie ihn zu Ihren täglichen Besorgungen mit und zeigen Sie ihm die Nachbarschaft. Lassen Sie ihn auch mit anderen Leuten in Kontakt kommen, mit anderen Hunden, anderen Welpen spielen, etc. Welpen untereinander mögen oft nicht unbedingt auf Anhieb Freunde werden. Es gibt viele Leute, die das nicht wissen oder wahr haben wollen. Jedoch sollten Sie bei jedem Zusammensein mit anderen einfach nur aufpassen. Zum Beispiel wenn Nachbarskinder einfach nur einmal „Hallo" sagen wollen, ist dieses sehr zu befürworten und zu begrüßen, denn sehr oft werden Kinder und Hunde die besten Freunde. Manchmal kommt es vor, dass kleine

Labrador Retriever-Welpen sind sehr neugierig und wollen alles Erreichbare untersuchen.

wichtigen Lebensphase gewonnene Eindrücke werden dem Welpen helfen, später, wenn er erwachsen ist, die verschiedensten Situationen souverän zu beherrschen, weniger ängstlich, scheu oder furchtsam zu sein. Die Sozialisation des jungen Hundes beginnt schon beim Züchter und ist jetzt in Ihre Verantwortung übergegangen. Diese Phase dauert im Allgemeinen circa bis zur zwölften Lebenswoche, dann erreicht sie einen kritischen Punkt, denn bis jetzt sollten alle Umwelteinflüsse und -eindrücke verankert und geprägt sein. Eine unzureichende Sozialisation äußert sich später, wenn der Hund älter ist, in Furcht und Aggression. Der Welpe benötigt dazu jede Menge menschlichen Kontakt in jeder erdenklichen positiven Art und selbstverständlich auch andere Begegnungen mit Tieren. Seien Sie auch während der achten bis sechzehnten Lebens-

Labrador Retriever-Welpen haben sehr spitze Zähne.

Kinder in ihrem Übereifer unabsichtlich etwas grob mit dem Welpen umgehen, oder aber umgekehrt der Hund etwa beim Spielen etwas zwickt. Sie selbst möchten sicherlich in der Sozialisationsphase positiv auf ihren Hund einwirken, denn was ihr Welpe in diesem Entwicklungsstadium lernt, prägt seine Entscheidungen und Eigenarten für die Zukunft. Ein junger Hund, der schlechte Erfahrungen mit Kindern gemacht hat, wird auch als erwachsener Hund scheu oder als Folge sogar aggressiv gegenüber Kindern sein. Aber sie möchten ja einen rundherum lieben und einfach bequemen Hund haben.

Erziehungshilfen

Hunde sind Rudeltiere, daher benötigen sie einen Rudelführer. Wenn kein Anführer vorhanden oder akzeptabel ist, so versucht Ihr Hund selbst, in dem Rudel, Ihrer Familie, die Führung zu übernehmen. Wenn ein Hund zu Ihnen in die Familie kommt, liegt es ganz in Ihrer Erziehung, wer letztlich der Anführer wird und wer zum Rudel gehört. Das intuitive Verlangen nach Dominanz steckt auch in jedem Labrador Retriever-Welpen. Mit den entzückenden Augen und den zu groß geratenen, schlaff herunter hängenden Ohren mag man dies seinem Welpen gar nicht glauben. Dies ver-

Geben Sie dem treuen Blick Ihres Hundes nicht nach!

schafft dem kleinen Hund einen fast unfairen Vorteil dabei, die Rudelführung zu übernehmen. Der junge Hund versucht bestimmt immer wieder herauszufinden, wie weit er gehen darf und wo ihm Grenzen gesteckt werden.
Geben Sie nicht diesen treu dreinblickenden Augen nach, greifen Sie dort

konsequent durch, wo es notwendig wird. Vergewissern Sie sich, dass auch alle Familienmitglieder dasselbe tun. Es verwirrt den Welpen nur, wenn die Mutter sagt, er darf nicht auf das Sofa gehen, wenn er es doch gewöhnt ist, mit Vater dort zu sitzen und die Abendnachrichten anzuschauen. Vermeiden Sie solche Diskrepanzen. Lassen Sie alle im Haushalt Lebenden über gewisse Grundregeln entscheiden und sich darüber im Klaren werdn, bevor der Welpe ins Haus kommt. Und seien Sie, wenn Sie sich durchsetzen wollen, einer Meinung! Frühe Ausbildung formt die Persönlichkeit des Hundes, denn dann wissen Sie genau, was sie zu erwarten haben.

Allgemeine Welpenprobleme

Ein geeignetes Mittel, Probleme zu verhindern, ist, dann aktiv beim unerwünschten Benehmen einzugreifen, sobald es beginnt. Eine alte Redensart:„Sie können einem alten Hund keine neuen Kunststücke beibringen" trifft nicht immer zu. Aber mit Sicherheit stimmt es, dass einem heranwachsenden jungen Hund schlechte Manieren schneller abgewöhnt werden können als einem erwachsenen Hund. Einige Probleme sind ganz typisch für Welpen in ihrer Entwicklungsphase und sollen im Folgenden kurz angesprochen werden.

Kauen und Knabbern

Wenn der Zahnwechsel beginnt, können die meisten Welpen dem Drang nicht widerstehen, in alles zu beißen. Unglücklicherweise schließt das auch Ihre Finger, Ihren Arm, Ihre Haare, Ihre Zehen,

Schnell
lernen
Labrador
Retriever-
Welpen die
Körper-
sprache.
Besonders die
spezielle und
eindrucks-
volle Ge-
sichtsmimik
hilft Ihnen
oft rasch
weiter.

kurzum alles ein, was gerade erreichbar ist. Nun mögen Sie das im ersten Moment noch niedlich finden, bis Ihnen nachdrücklich klar wird, wie spitz die Welpenzähne sind. Beim jungen Hund ist diese Unart einfach nur lästig, beim erwachsenen Hund kann sie durchaus schmerzhaft sein.

Weinen, Winseln und Jaulen

Welpen heulen meist, wenn sie sich allein gelassen fühlen. Dies ist ihr Weg, um auf sich aufmerksam zu machen und um sicher zu sein, dass Sie sie nicht vergessen haben. Welpen fühlen sich unsicher, wenn sie allein sind, beispielsweise wenn Sie außer Haus sind und Ihr Welpe allein im Haus ist oder wenn Sie in einem anderen Teil des Hauses sind und der Welpe Sie nicht sehen kann. Mit dem Heulen bringt der Welpe seine Sorge zum Ausdruck, die er fühlt, wenn er

meint, allein zu sein. Sie müssen ihm beibringen, dass alles in Ordnung ist, auch wenn er allein ist. Sie trainieren den Hund nicht dazu, mit dem Lärm aufzuhören, Sie zeigen ihm, dass er Vertrauen zu Ihnen haben muss, weil Sie immer wieder zu ihm zurückkehren. Seine vertraute Umgebung wird die Kiste mit gemütlicher Decke und seinem Spielzeug sein. Sollten Sie einmal nicht auf den Welpen aufpassen können, dann wissen Sie, dass er an diesem Platz sicher ist und er sich dort auch sicher fühlt. Damit der Welpe an seinem Platz bleibt, ohne jegliches „Getue" und Widerspruch, muss er sich dort wirklich wohl fühlen. Es ist sehr wichtig zu erwähnen, dass der Korb nicht als Strafplatz verwendet wird. Der Welpe soll diesen Platz nie mit negativen Erfahrungen in Verbindung bringen. Gewöhnen Sie den Welpen schnell an das Körbchen und steigern Sie all-

Welpen brauchen vom ersten Tag an in ihrem neuen Zuhause die richtige Erziehung.

mählich die Zeitintervalle, die er dort alleine bleiben muss. Bleiben Sie anfangs in seiner Nähe. Sollte er anfangen zu heulen, so gehen Sie nicht sofort zu ihm. Bleiben Sie aber innerhalb seiner Sichtweite. Er wird sehr schnell merken, dass sein Winseln nicht hilft, sondern dass er in seinem Korb sicher ist, auch ohne ihre Anwesenheit. So wird es nicht nicht traumatisch für ihn, wenn Sie nicht ständig um ihn herum sind. Wenn Sie wollen, können Sie während ihrer Abwesenheit im Haus leise das Radio spielen lassen. Der Klang menschlicher Stimmen kann wird auf ihn beruhigend wirken.

Wussten Sie schon?

Sie sollten ihren Labrador Retriever-Welpen am Anfang mit dem Futter füttern, das Sie vom Züchter für die ersten Tage mitbekommen haben. Leckereien geben Sie dem Welpen besser nicht zu oft, diese benutzen Sie lieber als Belohnung bei der Erziehung. Seien Sie aber sparsam mit den Extra-Happen, denn der Kalorienbedarf eines Welpen ist relativ gering und viele kleine Belohnungshäppchen können den täglichen Ernährungsbedarfs des Welpen schnell übersteigen.

Ihr entzückender, neugieriger Labrador Retriever-Welpe wird mit der richtigen Ausbildung und Pflege zu einem höflichen, schönen, erwachsenen Hund.

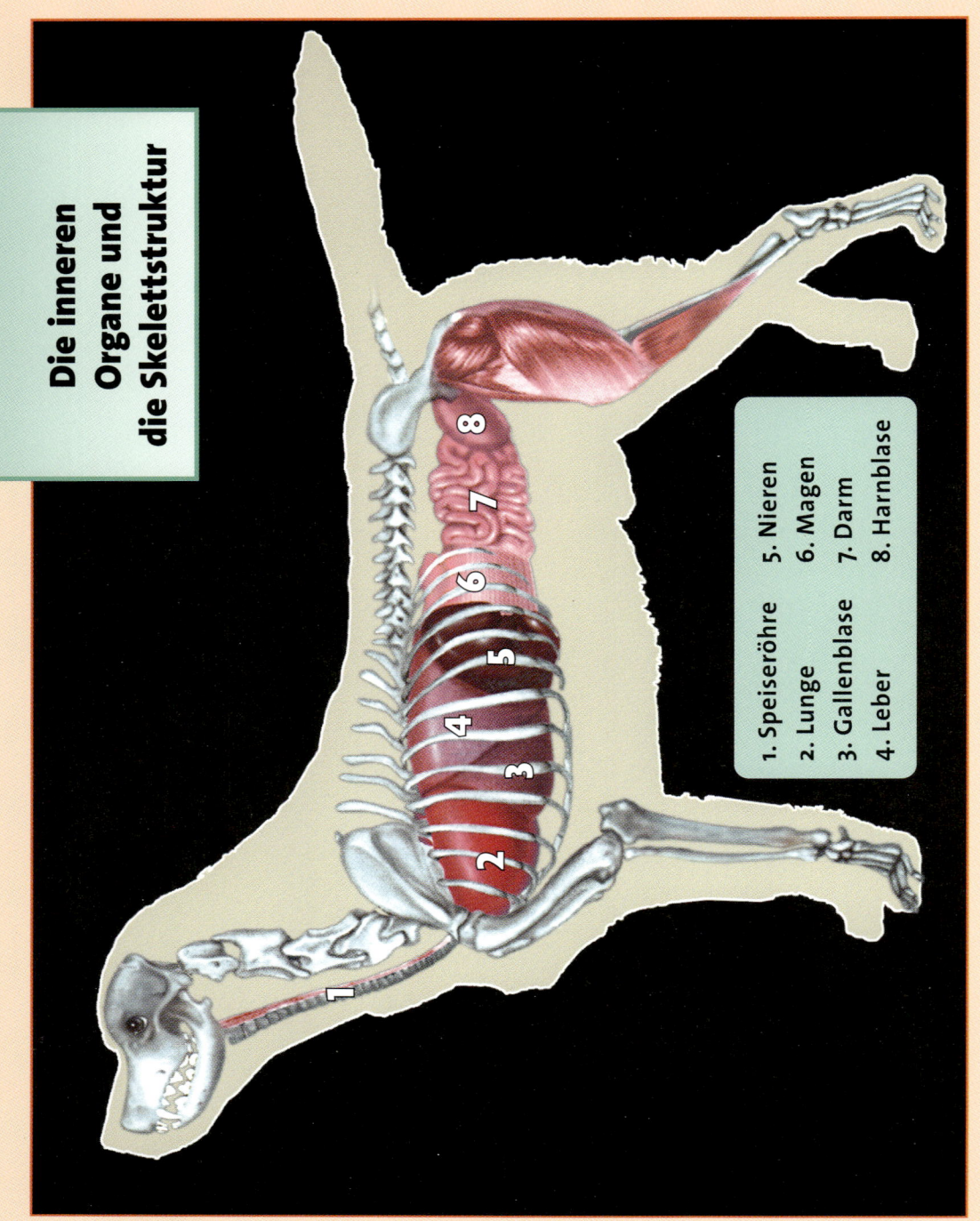

Die inneren Organe und die Skelettstruktur

1. Speiseröhre
2. Lunge
3. Gallenblase
4. Leber
5. Nieren
6. Magen
7. Darm
8. Harnblase

Die tägliche Pflege des Labrador Retrievers

Überlegung en zur richtigen Ernährung und Fütterung

Sie haben es wahrscheinlich schon tausendmal gehört: Man ist, was man isst. Ob Sie es nun glauben oder nicht, diese Weisheit gilt auch für Ihren Hund. Und da er auf das Futter angewiesen ist, welches er von Ihnen bekommt, tragen Sie eine besondere Verantwortung bei seiner Ernährung. Doch selbst die verantwortungsbewusstesten Hundebesitzer, die meinen, Ihrem Hund nur das Beste zu füttern, wissen häufig selbst nicht genau, ob es auch das Beste ist. Sie haben schlichtweg keine Ahnung, welche Nahrung am geeignetsten für ihren Hund ist,

Wussten Sie schon?

Die Auswahl des besten Fertigfutters für ihren Hund ist schwierig. Es gibt verschiedene Meinungen unter den Veterinärwissenschaftlern bezüglich der richtigen Zusammensetzungen (Protein und Fett, Faser, Feuchtigkeit, Cholesterin, Mineralien etc.) Alle stimmen aber darin überein, dass das Futter den individuellen Bedürfnissen des Hundes im Hinblick auf seine Aktivität und sein Alter angepasst werden muss. Am klügsten wäre es, einen Tierarzt bei der Abstimmund der Ernährung um Rat zu fragen. Bei Bedarf sollte er den Futterplan für ihren Hund ändern. Wird ihr Hund mit einer Komplettnahrung gefüttert, so benötigt er keine Zusatzfütterungen, auch kein Fleisch oder Gemüse. Hunde brauchen prinzipiell keine Abwechslung in ihrer Ernährung. Die gleiche Fertignahrung schmeckt ihnen jeden Tag. Um einer Gewöhnung vorzubeugen, sollten Sie das Futter aber dennoch variieren.

Ihr Tierarzt kann ihnen bei der Futterauswahl für den Welpen helfen.

da Sie sich nicht wirklich über die genauen Ansprüche Ihres Hundes im Klaren sind. Die meisten Hundebesitzer verlassen sich somit auf die Aussagen der Futtermittelhersteller. In der Regel liegen sie damit auch richtig, aber man sollte die Aussagen der Industrie auch hinterfragen dürfen. Hundefutter wird in drei Grundarten produziert: Trocken-, Halbfeucht- und Feuchtfutter. Letzteres wird zumeist konserviert in Dosen angeboten. Trockennahrung ist meist recht günstig im Einkauf. Sie enthält am wenigsten Fett, jedoch auch die meisten Konservierungsmittel. Feuchtfutter beinhaltet circa 60 bis 70 Prozent Wasser,

Glänzendes Fell und ein wacher Ausdruck sind Hinweise auf eine korrekte Ernährung und eine gute Gesundheit.

Trockenfutter meist nur um die zehn Prozent. Halbfeuchtfutter enthält zur Wahrung seiner Konsistenz einen relativ hohen Anteil Zucker. Darum wird ihr Kauf von vielen Hundebesitzern gemieden, obwohl Hunde das recht süße Futter lieben (wie kleine Kinder ihre Süßigkeiten). Bei der Auswahl des besten Futters müssen Sie neben der allgemeinen Aktivität Ihres Hundes vor allem die drei Stufen vom Wachstum bis zum Alter beachten: Die Welpenphase, die Phase des erwachsenen Hundes und die des älteren Hundes.

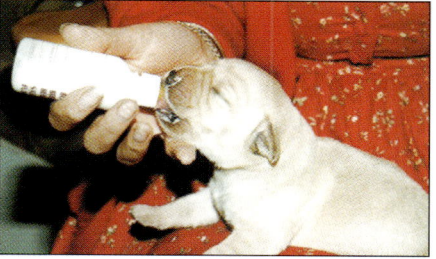

Der Welpe sollte möglichst von der Mutter gesäugt werden. Für Problemfälle gibt es spezielle Welpenmilch.

Die Ernährung des Welpen

Welpen haben einen natürlichen Instinkt, Milch an den Brüsten (Zitzen) ihrer Mutter zu saugen. Dieses Verhalten sollten sie schon in den ersten Stunden ihres Lebens zeigen. Wenn ein Welpe nicht innerhalb weniger Stunden von der Brust trinkt, so versuchen Sie, ihn an eine milchgefüllte Zitze der Mutter zu legen. Sollte der Welpe auch jetzt nicht trinken, müssen Sie ihn mit dem Rat und unter der Anleitung eines Tierarztes von Hand füttern. Sie benötigen dazu eine Babyflasche und spezielle Welpenmilch. Die erste Milch der Mutter ist allerdings besonders gehaltvoll. Sie wird auch Kolostral-Milch genannt und enthält Antikörper, die die Mutter gebildet hat, um die Welpen in den ersten acht bis zehn Lebenswochen vor Infektionskrankheiten zu schützen.

Auch wenn jeder Hund seinen eigenen Napf hat, so bedeutet es nicht, dass nicht doch jemand versucht, aus einer anderen Schüssel zu „stehlen".

Die ersten sechs Wochenlang sollten die Welpen von ihrer Mutter gesäugt werden. Danach sollten sie schrittweise von der Mutter entwöhnt werden. Mit kleinen Zufütterungen spezieller Welpennahrung können Sie achon ab der vierten Lebenswoche beginnen. Ab der achten Lebenswoche sollten die Welpen vollständig entwöhnt sein. Sie erhalten nun ein Fertigfutter speziell für Welpen. Während der schnellen Wachstumsphase innerhalb der ersten Lebensmo-

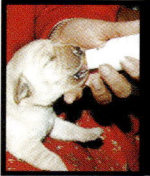

Achten Sie täglich auf die ausgewogene Ernährung Ihres Labradors.

nate kommt der Ernährung eine entscheidende Bedeutung zu. Jeder Fehler kann fatale Auswirkungen auf das Wachstum des Welpen haben. Sowohl eine Unter- als auch eine Überversorgung kann zu Wachstumsschäden des Skeletts und der Muskeln und Sehnen führen. Fertigprodukte für Welpen berücksichtigen die besonderen Ansprüche der kleinen Hunde. Hüten Sie sich jedoch vor spezieller Aufbaukost, die ein zu schnelles Wachstum und damit verschiedenste Probleme fördern kann. Im Zweifel beraten Sie Ihr Tierarzt oder der Züchter Ihres Welpen gern.

Als erwachsen gelten Hunde, wenn Sie mit dem Wachstum aufhören. Sie sollten nun von der Welpenkost zum Erwachsenenfutter übergehen.

Die Ernährung des erwachsenen Hundes

Als ausgewachsen bezeichnet man einen Hund, wenn sein Wachstum aufgehört hat. Zu diesem Zeitpunkt ist er aber noch nicht erwachsen, denn Körper und Geist werden auch in den nächsten Monaten noch weiter ausgeformt. Labrador Retriever ungefähr nach 16 Monaten ausgewachsen, teilweise aber erst mit drei Jahren wirklich erwachsen.

Wenn Sie entscheiden müssen, wann Sie die Ernährung Ihres Hundes von der Welpennahrung auf eine Kost für erwachsene Hunde umstellen sollten, nehmen Sie als Indikator die Größe des Hundes und lassen sein Gewicht außer Betracht. Sollten Sie sich unsicher über den genauen Zeitpunkt sein, scheuen Sie sich nicht, wiederum Ihren Tierarzt oder den Züchter aufzusuchen und sich ein passendes Hauptfutter empfehlen zu lassen. Die meisten Hersteller von Hundefutter haben sich auf Futtersorten für erwachsene Hunde spezialisiert, somit haben Sie eine schier unendliche erscheinende Auswahl. Sie müssen nur noch das Futter auswählen, das den Asprüchen Ihres Hundes gerecht wird. Aktive Hunde haben beispielsweise andere Anforderungen als ruhige Hunde.

Womit füttern Sie Ihren Hund?

Lesen Sie den Aufdruck auf der Hundefutterverpackung. Viele Hersteller nennen lediglich 50 bis 55 % der Inhaltsstoffe und lassen Sie über die restlichen 50 bis 45 % im Unklaren.

Inhaltsstoffe

Kalzium 1,3 %

Fettsäure 1,6 %

Rohfaser 4,6 %

Feuchtigkeit 11 %

Rohfett 14 %

Rohprotein 22 %

häufig ohne Beschreibung 45,5 %

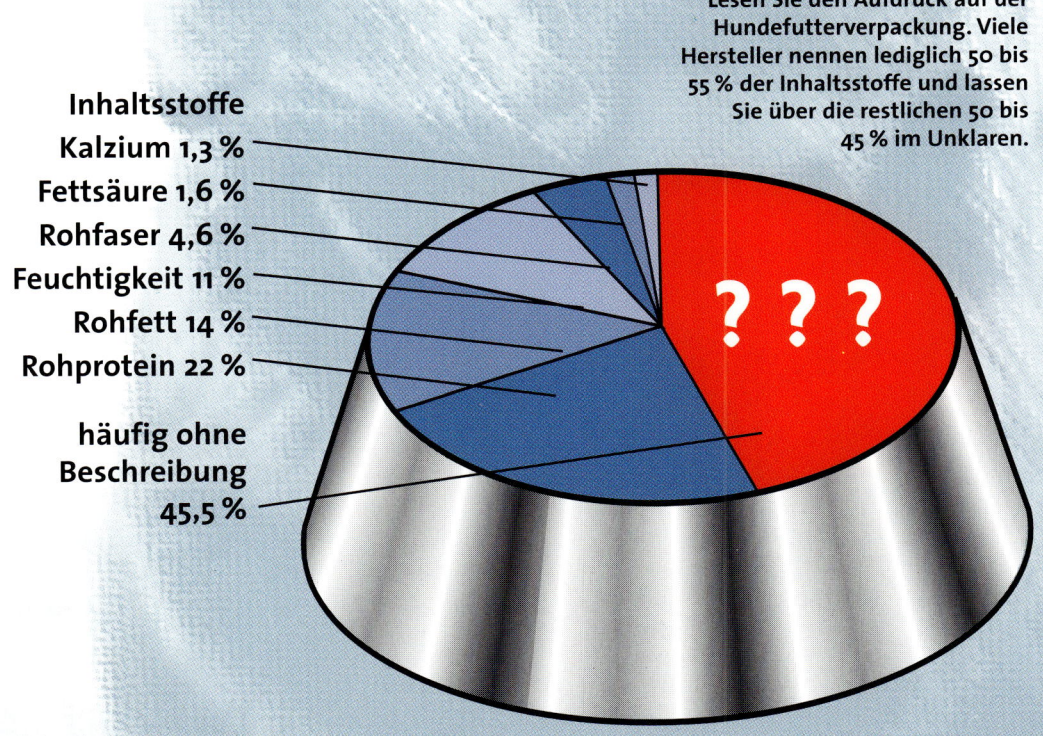

Den ausge-
reiften Labra-
dor füttern Sie
mit einem
Futter für
erwachsene
Hunde. Aktive
Hunde haben
einen höhe-
ren Futter-
bedarf als
ruhige.

Die Ernährung des älteren Hundes

Wenn Hunde älter werden, dann verändert sich auch ihr Stoffwechsel. Der ältere Hund bewegt sich in der Regel weniger, läuft langsamer und schläft mehr. Diese veränderten Lebensgewohnheiten erfordern eine Umstellung der Ernährung. Die meisten Hundebesitzer erkennen das Älterwerden Ihres Hundes daran, dass dieser an Gewicht zunimmt. Bei gleichbleibender Fütterung ihres Hundes mit dem gleichen Futter nimmt dieser zu, da er durch seinen ruhigeren Lebensstil weniger Energie benötigt. Auch der Stoffwechsel älterer Hunde verlangsamt sich, was ebenfalls zu einer Gewichtszunahme führt. Fettleibigkeit bringt Gesundheitsprobleme mit sich. Vor allem bei einem älteren Hund, der vielleicht schon unter anderen Alterserscheinungen leidet, darf sie nicht als normale Begleiterscheinung des Alters hingenommen werden.

Wenn Ihr Hund älter wird, dann nimmt die Funktion einiger Organe ab. Die Nieren arbeiten nicht mehr so effektiv ebenso die Verdauungsorgane. Diesen Begleiterscheinungen des Alters müssen Sie mit einer Umstellung der Ernährung begegnen. Dabei ist es wichtig zu erwähnen, dass die Umstellung auf ein ande-

res Futter langsam erfolgen muss, sonst kann es zu Verdauungsproblemen kommen. Am besten mischen Sie langsam einen immer größeren Anteil des neuen Futters unter das gewohnte. Welches Futter Ihr älterer Labrador am besten verträgt, kann man nicht sicher sagen. Während vielen Hunden leichte Kost oder Seniorenfutter gut bekommt, ist für andere Welpennahrung oder eine Schonkost mit Lamm und Reis besser geeignet. Zeigen Sie Fingerspitzengefühl bei der Wahl des Futters für Ihren Senior-Labrador Retriever. Es hilft Ihnen dabei, anderen Problemen vorzubeugen, die bei Ihrem alten Freund entstehen. Die korrekte Ernährung im Alter kann das Leben Ihres Labradors um Jahre verlängern und ihn vor typischen Alterserkrankungen, die insbesondere auf Übergewicht beruhen, bewahren.

Jedes Lebewesen, ob Hund, Katze oder Mensch, braucht regelmäßig Wasser. Das Wasser für Ihren Labrador Retriever muss stets sauber und frisch sein, also öfter erneuert werden.

Wussten Sie schon?

Viele Futtersorten für erwachsene Hunde beinhalten als Grundlage Getreide. Das ist kein Problem, so lang es kein Sojamehl enthält, das viele Hunde schlecht verdauen können. Es ist häufig die Ursache für Blähungen. Aus Getreide hergestelltes Futter ist oft nicht so teuer. Gutes Futter auf Getreidebasis ist genauso wertvoll wie teures, das tierische Eiweiße enthält. Es kann auch sein, dass Sie für Ihren Hund ein spezielles Futter benötigen, wenn er beispielsweise an Allergien leidet. Zu diesen speziellen Futtersorten berät Sie Ihr Tierarzt gern.

Wasser

Genauso wichtig wie die richtige Ernährung ist für Ihren Hund die ausreichende Versorgung mit Wasser. Wasser ist lebenswichtig für den ständigen, gleich-

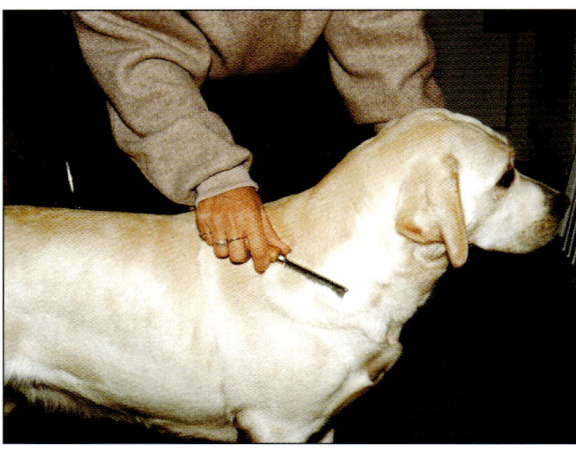

Labrador Retriever bedürfen einer minimalen Fellpflege. Sie sollten aber täglich gekämmt und gebürstet werden.

mäßigen Feuchtigkeitserhalt im Körper. Es fördert und ermöglicht zugleich alle Normalfunktionen des Körpers. In der Erziehungsphase zur Stubenreinheit achten Sie darauf, wieviel Wasser Ihr Labrador Retriever trinkt. Einmal zur Stubenreinheit erzogen, sollte er jederzeit frisches, sauberes Wasser zur Verfügung haben. Der Trinknapf muss immer sauber sein, das Wasser muss mindestens einmal täglich erneuert werden.

Körperliche Bewegung

Alle Hunde benötigen ihren täglichen Auslauf, unabhängig von der Rasse. Ein zu ruhiger Lebensstil ist weder für den Hund noch für den Halter gesund. Der Labrador Retriever gehört zu den aktiven Hunderassen, die mehr Bewegung benötigen als viele andere Rassen, aber

Sie müssen kein Marathonläufer zu sein, um Ihrem Hund genügend Bewegung zu bieten. Ausgedehnte Spaziergänge, gemeinsames Spielen im Garten oder der freie Auslauf im Garten unter Aufsicht bieten Ihrem Labrador Retriever genügend Möglichkeiten zur Bewegung. Wenn Sie sportlicher sind, dann werden Sie herausfinden, dass Ihr Labrador Retriever durchaus in der Lage ist, Sie auf extra langen Spaziergängen oder den morgendlichen Jogging-Touren zu begleiten. Im Wesentlichen ist die Bewegung nicht nur für seinen Körper, sondern auch für sein seelisches Wohlbefinden gut. Ein sich langweilender Hund neigt oft dazu, seine überschüssigen Energien in negativen, meist zerstörerischen Verhaltensweise auszuleben. So ist Bewegung auch für das seelische Wohlbefinden des Besitzers sinnvoll.

Fellpflege

Für die regelmäßige Fellpflege benötigen Sie zumindest eine einfache Bürste mit Naturborsten und einen nicht zu feinen Metallkamm. Durch das Bürsten entfernen Sie lose, abgestorbene Haare und stimulieren durch die Massage der Haut die natürliche Fettproduktion der Talgdrüsen. So erhält das Fell Ihres Hundes Glanz und gesundes Aussehen. Ihr Labrador Retriever gehört nicht zu einer Rasse, die eine übermäßige Pflege nötig hat. Das Fell sollte trotzdem täglich einmal durchgebürstet werden. Dadurch minimieren Sie Verfilzungen des Fells und befreien es zudem von Staub und Schuppen. Die regelmäßige Pflege dient auch der Beschäftigung mit dem Hund. Viele Hunde freuen sich mit wachsen-

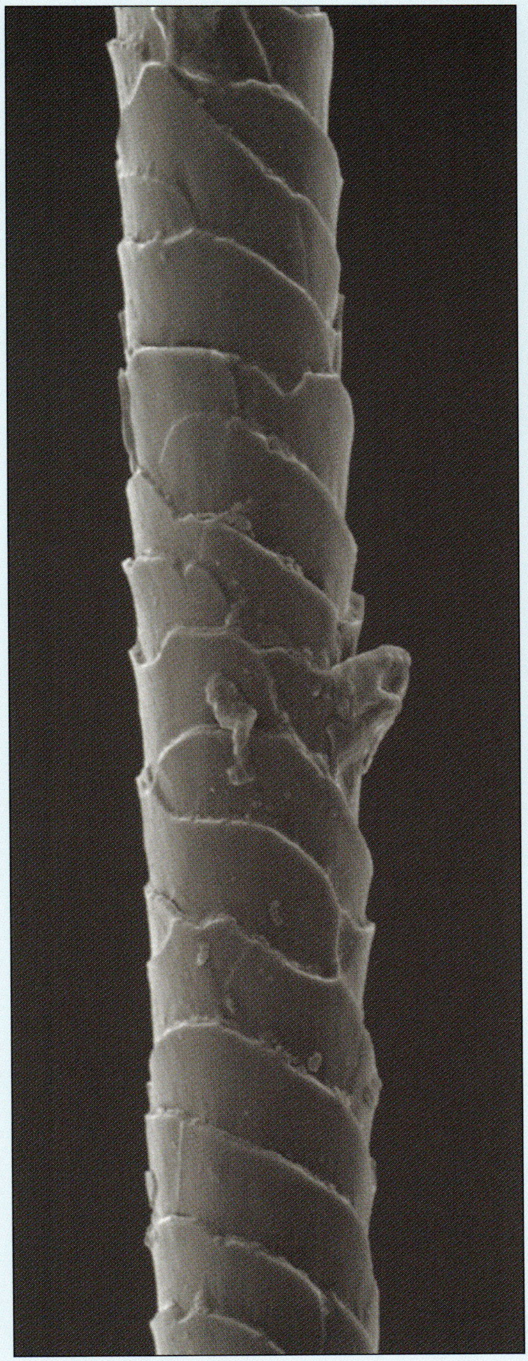

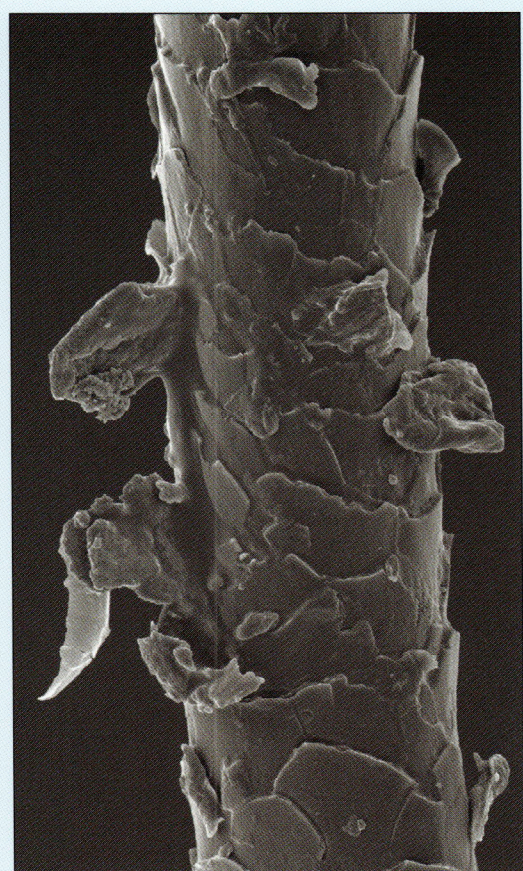

Unter einem Elektronenmikroskop abgebildet:
Zwei Haare eines schwarzen Labrador Retrievers.
Das linke Haar ist ein normales, gesundes Haar, an
dem einige Hautpartikel hängen (Teile von
Hautschuppen). Die Kutikula (äußere Haarschicht)
ist normal und einförmig. Das Bild oben zeigt ein
krankes oder verletztes Haar. Es weist Schädigungen
an der Kutikula auf. Diese Fotos von Labrador Retrie-
ver-Haaren durch ein Elektronenmikroskop wurden
speziell für dieses Buch von Dr. Dennis Kunkel, Uni-
versität von Hawaii, zur Verfügung gestellt.

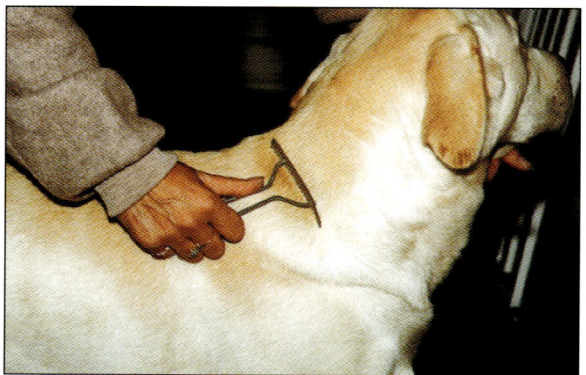

Ein Metallkamm hat sich zur Fellpflege des Labradors bestens bewährt.

zendes Fell gut. Wenn Sie Ihren Hund schon als Welpen ab und zu gebadet haben, dann wird es keine Probeleme geben, wenn er größer ist. Sie möchten sicherlich, dass Ihr Hund ganz entspannt baden wird, denn wenn er sich gegen das Bad sträubt, könnte es für Sie beide eine sehr nasse, seifige und unangenehme Angelegenheit werden. Bürsten Sie Ihren Labrador Retriever gründlich durch, bevor er gebadet wird, denn es ist schwieriger, Verknotungen und Verfilzungen zu lösen, wenn das Fell erst nass ist. Stellen Sie Ihren Hund auf eine rutschfeste Unterlage. Beginnen Sie nun damit, das Fell nass zu machen. Ein Duschkopf hilft Ihnen bei der gründlichen Vorwäsche des Fells. Die Temperatur des Wassers sollte weder zu kalt noch

der Begeisterung darauf, täglich gebürstet zu werden. Gewöhnen Sie Ihren Hund am besten früh an die Pflege, dann wird er sie um so mehr lieben!
Labrador Retriever brauchen keinen aufwändigen Haarschnitt. Er muss nicht wie andere Rassen regelmäßig geschoren oder getrimmt zu werden. Insofern kann man ihn als einen sehr pflegeleichten Hund bezeichnen. Die Hauptsache bei der Pflege des Labrador Retrievers liegt darin, dass das Fell schön und gesund aussieht. Während des Fellwechsels im Frühling gilt es, dem Fell etwas mehr Aufmerksamkeit zu schenken. Hierbei hilft kräftiges Durchbürsten, um totes Haar aus dem Unterfell zu entfernen.

Baden

Hunde müssen nicht so oft baden wie wir Menschen. Manche Hundehalter baden Ihre Hunde nur dann, wenn das Fell wirklich stark verschmutzt ist oder der Hund unangenehm riecht. Zu häufiges Baden kann sogar schädlich sein. Aber ein gelegentliches Bad ist für eine gesunde Haut und ein gesundes, glän-

Wussten Sie schon?

Welche Pflegehilfsmittel Sie anschaffen hängt von dem Aufwand ab, den Sie zu betreiben bereit sind. Beispielhaft seien hier einige Utensilien genannt:

- Bürste mit Naturborsten
- Drahtbürste
- Metallkamm
- Zahnsteinentferner
- Schere
- Haartrockner
- Schermaschine
- Gummiunterlage
- Hundeshampoo
- Duschaufsatz
- Ohrreiniger
- Wattepads
- Handtücher
- Nagelschere

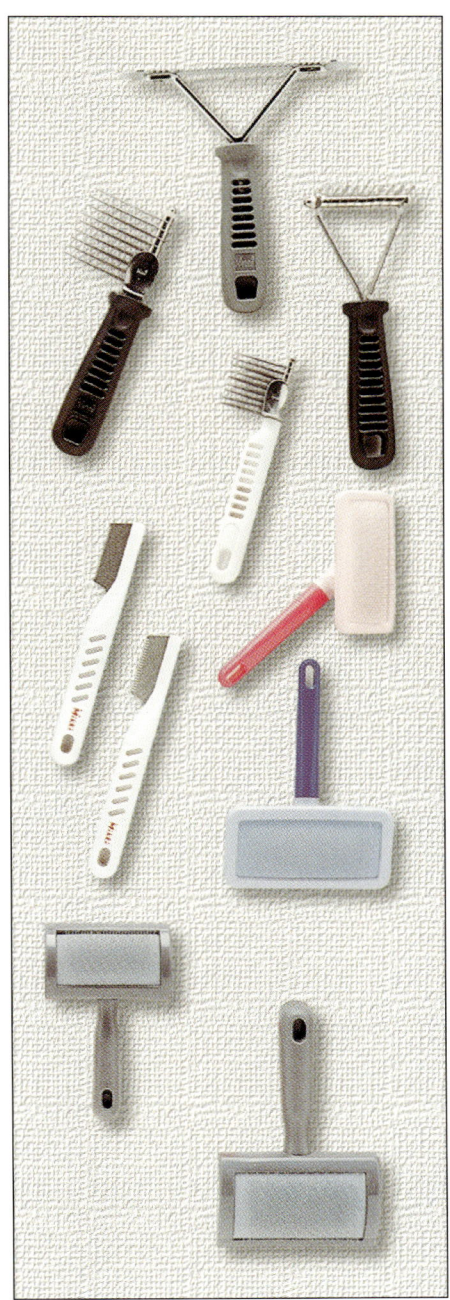

zu heiß sein. Als nächstes nehmen Sie das Shampoo und schäumen das Fell gut ein. Kaufen Sie nur ein spezielles Hundeshampoo. Benutzen Sie kein Produkt für Menschenhaare! Waschen Sie den Kopf zuletzt, und achten Sie darauf, dass kein Seifenwasser in seine Augen läuft. Das Shampoo muss bis hin zur Haut einmassiert werden. So haben Sie auch die Möglichkeit festzustellen, ob Kratzer, Bisse oder andere Abnormitäten auf der Haut vorhanden sind. Vernachlässigen Sie dabei auch die schwer zu-

Im Zubehörhandel gibt es eine Vielzahl der gebräuchlichen Pflegemittel in Form von Naturbürsten, Drahtbürsten und Kämmen.

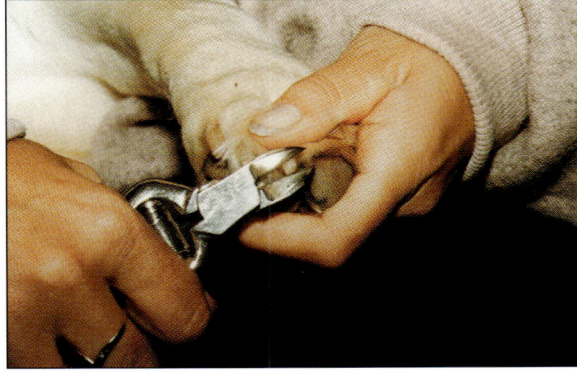

gänglichen Stellen des Körpers nicht. Nachdem der Hund gründlich einshampooniert ist, muss das Shampoo vollständig ausgespült werden. Shampooreste im Fell können zu Hautreizungen führen. Die Augen schützen Sie beim Ausspülen mit der Hand vor dem abfließenden Seifenwasser. Vermeiden Sie, dass Wasser in den Gehörgang fließt. Nach dem Bad müssen Sie damit rechnen, dass sich Ihr Hund ausschütteln will. Trocknen Sie ihn gut ab, denn Sie möchten sicher nicht, dass er nass durchs Haus rennt.

Das Krallen schneiden erfordert größte Vorsicht. Für Hunde benutzt man spezielle Krallenschneider

71

Reinigung der Ohren

Die Ohren sollten stets sauber gehalten werden. Überflüssige Haare im Inneren des Ohres sollten entfernt werden. Mit

So ungesichert liegen diese Labradors nur für das Foto auf der Ladefläche.

einem Wattebausch und einem speziellen Ohrenreiniger für Hunde pflegen und reinigen Sie diese. Achten Sie dabei auf Anzeichen von Infektionen oder Ohrmilbenbefall. Wenn sich Ihr Labrador Retriever häufig schüttelt oder am Kopf kratzt, dann kann dies auf ein Problem hinweisen. Ein ungewöhnlicher Geruch im Ohr ist ein sicheres Anzeichen für Ohrmilben oder eine Infektion.

Krallen schneiden

Ihr Labrador Retriever sollte sich schon früh an das Krallenschneiden gewöhnen, denn es wird ein Teil seiner regelmäßigen Pflege sein. Nicht nur, dass gepflegte Krallen besser aussehen, zu lange Krallen können auch zu orthopädischen Problemen führen, wenn die Zehen beginnen, sich auseinander zu spreizen. Ihr Labrador kann mit den langen Krallen, sollte er irgendwo hochspringen, auch etwas beschädigen oder

jemanden unabsichtlich kratzen. Nicht zuletzt sind lange Krallen auch anfälliger für Verletzungen, sie können abreißen, was zu starken Blutungen führt. Zeit zum Krallenschneiden wird es dann, wenn man ein klickendes Geräusch hört, wenn der Hund auf hartem Untergrund läuft. Überzeugen Sie sich vor dem ersten Schneiden, wo sich das Leben in jeder Kralle befindet. Damit sind die Blutgefäße und Nerven gemeint, die im Zentrum jeder Kralle verlaufen. Sie werden zum Ende hin immer schmaler. Versehentlich angeschnitten, blutet es stark und ist zudem für den Hund sehr schmerzhaft. Sollten Sie einmal dennoch versehentlich zu weit geschnitten haben, so verwenden Sie ein blutstillendes Mittel (ähnlich wie es beim Rasieren benutzt wird). Geraten Sie nicht in Panik, stoppen Sie die Blutung einfach und reden Sie beruhigend mit Ihrem Hund. Nachdem er sich beruhigt hat, wenden Sie sich der nächsten Kralle zu.

Es ist besser, immer nur ein Stückchen abzuschneiden, insbesondere bei Hunden mit dunklen Krallen, denn hier ist es fast unmöglich festzustellen, wo genau Ader und Nerv in der Kralle enden. Halten Sie Ihren Welpen beim Schneiden gut fest und geben Sie ihm keine Gelegenheit, zwischendurch plötzlich wegzulaufen oder seine Pfote ruckartig zu bewegen. Reden Sie sanft und streicheln Sie ihn dabei. Halten Sie die Pfote in der einen Hand fest und kürzen mit der anderen die Krallen am Ende mit einem kurzen, schnellen Schnitt. Sie können spezielle Krallenschneider verschiedener Ausstattung für Hunde im Fachhandel für Hundezubehör erwerben.

Reisen mit dem Hund

Autoreisen

Sie sollten frühzeitig damit anfangen, Ihren Labrador Retriever an das Autofahren zu gewöhnen. Vielleicht müssen Sie einmal mit ihm im Auto zum Tierarzt fahren und dann wollen Sie sicher nicht, dass es ein großes Theater gibt, das nur Nerven kostet und Sie unnötig stresst. Die sicherste Methode, den Hund im Auto zu transportieren, ist, ihn im Hundetransportkäfig unterzubringen. Benutzt Ihr Hund im Haus einen Drahtkäfig, wäre es vorteilhaft, sich zusätzlich eine Kunststoffbox anzuschaffen, in der er bestens reisen kann. Drahtkäfige können Sie selbstverständlich auch benutzen, jedoch sind Kunststoffboxen einfacher zu transportieren und stabiler. Setzen Sie den Welpen in den Käfig und schauen Sie, wie er reagiert. Wirkt er sehr unruhig, so sollten Sie jemanden

Ein passender Käfig ist ein sicherer Platz für den Hund auf Reisen.

bitten, sich während der Fahrt neben Ihren Hund zu setzen. Ist Ihr Hund bereits an die Box gewöhnt, wird er sie auch als Transportmittel akzeptieren. Im Fachhandel gibt es als zweite Möglichkeit einen speziell für den Hund entwickelten Sicherheitsgurt. Den Hund im Auto während der Fahrt herumlaufen zu lassen, ist sehr gefährlich. Scharfes Bremsen führt dazu, dass der Hund durchs Auto geschleudert wird und sich und andere möglicherweise schwer verletzt. Auf langen Fahrten geben Sie dem Hund häufig die Möglichkeiten, sich zu lösen. Nehmen Sie Tücher mit ins Auto, falls dem Hund übel werden sollte.

Flugreisen

Wenn Sie Ihren Hund im Flugzeug mitnehmen möchten, dann melden Sie dies bei Ihrer Fluglinie an. Es ist heute nicht

---

Wussten Sie schon?

Achten Sie stets auf die Sicherheit des Hundes, wenn Sie mit ihm im Auto unterwegs sind, sei es eine nur kurze Fahrt zum Tierarzt oder eine lange in den Urlaub. Wenn Sie plötzlich bremsen müssen, könnte Ihr Hund unkontrolliert durchs Auto geschleudert werden und sich und andere verletzen.

Unterbringungsmöglichkeiten im Urlaub

Sie wollen Familienurlaub machen und alle Familienmitglieder nebst Hund dabei haben. Natürlich buchen Sie für den Urlaub die Unterkünfte im Voraus. Dies ist besonders wichtig, wenn Ihr Hund mitreist. Sie wollen bestimmt nicht das Risiko eingehen, eine Übernachtung im einzigen Hotel weit und breit einzuplanen, um dann herauszufinden, dass Hunde dort nicht erlaubt sind. Sie sollten keine Zimmer für die Familie buchen, ohne zu erwähnen, dass auch ein Hund mit von der Partie ist. Alternativ dazu könnten Sie sich entschließen, Ihren Hund nicht mit auf die Reise zu nehmen. Das bedeutet, dass Sie sich für die Dauer Ihres Urlaubs um eine Unterkunft für Ihren Hund kümmern

mehr ungewöhnlich, dass Hunde im Flugzeug reisen, aber Sie benötigen hierzu eine besondere Erlaubnis. Eine spezielle Kunststoffbox wird von den Fluggesellschaften vorgeschrieben. Falls Ihre Box geeignet ist, können Sie sie benutzen oder Sie mieten eine Box bei der Fluglinie. Das Lieblingsspielzeug in der Box wird Ihrem Hund die Reise erleichtern. Sechs Stunden vor Beginn der Reise sollte die letzte Fütterung erfolgt sein. Ein voller Bauch quält den Hund nur unnötig. Ausreichend frisches Wasser muss auch während der Reise zur Verfügung stehen, trotzdem sollte er vor dem Flug nicht mehr zu viel trinken. Stellen Sie sicher, dass Ihr Hund jederzeit identifiziert werden kann und befestigen Sie eine Kennzeichnung auch an der Box. Größere Hunde wie ein Labrador werden im Frachtraum transportiert. Große Fluglinien sind dafür jederzeit ausgerüstet und es sollte Sie nicht beunruhigen, dass Sie getrennt reisen.

müssen. Sie könnten ihn zu einem tierlieben Nachbarn geben, oder dieser könnte jeden Tag mindestens zweimal in Ihrem Heim vorbeischauen, den Hund Gassi führen und füttern – oder auch vorübergehend bei Ihnen wohnen, um sich intensiver um den Hund kümmern zu können. Sie können Ihren Hund aber auch in eine zuverlässige Hundepension in die Ferien schicken.

Wenn Sie sich für diese Lösung entscheiden, sollten Sie sich die Unterkunft vorher genau ansehen und sich davon überzeugen, dass die dortigen Bedingungen Ihren Vorstellungen entsprechen. Erkundigen Sie sich danach, wie viel Zeit sie täglich mit den Hunden verbringen und welche Impfungen verlangt werden. Dies dient schließlich dem Schutz aller Hunde im Zwinger, denn das Ansteckungsrisiko ist dort am größten, wo viele Hunde zusammen gehalten werden.

Identifikation des Hundes

Ihr Labrador ist ein wertvoller Begleiter und Freund. Sie lassen ihn nicht aus den Augen. Er läuft nicht fort und er reißt sich auch nicht von der Leine los.

Trotzdem kann es vorkommen, dass der Hund unerwartet wegläuft. Besonders auf Reisen oder im Urlaub kann dies ein großes Problem darstellen, wenn der Hund ohne Identifikation herumläuft. Sollte dies geschehen und Sie finden Ihren Hund nicht sofort wieder, so verbessert eine eindeutige Identifikation die Chance, dass Sie ihn schnell und unversehrt zurück erhalten. Der Fachhandel bietet zahlreiche einfache Möglichkeiten an wie Halsbandplaketten, auf denen Sie Ihre Telefonnummer und Ihre Adresse notieren können, aber auch hochmoderne Hilfsmittel wie Mikrochips zur elektronischen Identifizierung, die einen entlaufenen Hund einfach seinem Herrchen zuordnen lassen.

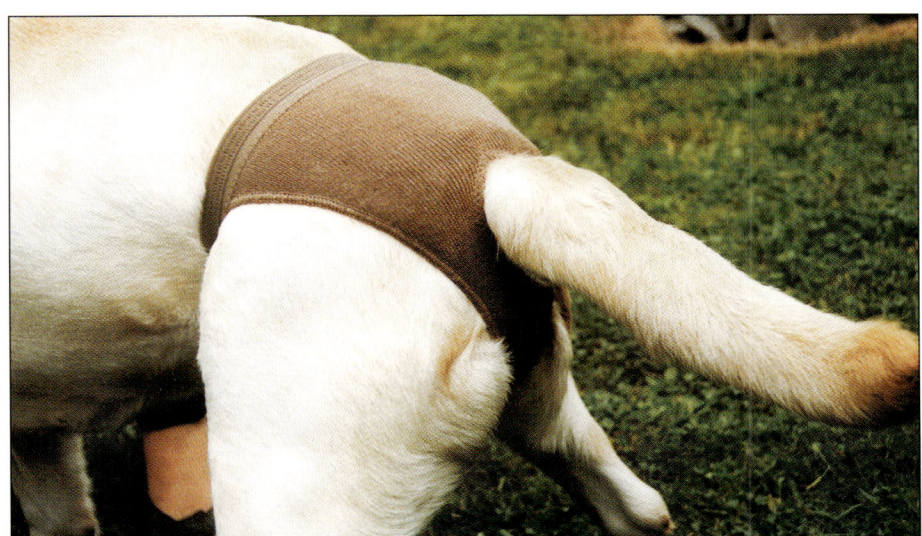

Der Zoofachhandel bietet viele Artikel an. Es sind zu viele, um sie alle zu erwähnen und zu beschreiben. Ein Beispiel ist dieses spezielle Höschen, das vor ungewollten Deckakten schützt. Man benötigt es bei Hündinnen in der Hitze.

Die Erziehung Ihres Labrador Retrievers

Das Zusammenleben mit einem nicht-erzogenen Hund ist ähnlich dem Zustand, ein Klavier zu besitzen, ohne zu wissen, wie man es spielt – es ist ein schönes Objekt zum Anschauen. Doch mit der Zeit werden Sie Ihr Interesse daran verlieren. Wenn Sie nun beginnen, Klavierunterricht zu nehmen, erwacht das Klavier plötzlich zu neuem Leben. Es bringt zauberhafte Klänge und Rhythmus hervor, so dass Ihr Herz singt und Ihr Körper „swingt". Dasselbe passiert im Zusammenleben mit Ihrem Labrador Retriever. Zuerst erfreuen Sie sich seines Anblicks. Er fordert nicht viel von Ihnen außer etwas Futter, Wasser, Auslauf und Zuwendung. Wenn Sie darüber nachdenken, ist dies sehr wenig, oder? Sie tragen allerdings auch eine große Verantwortung. Wenn Sie sich nicht die Mühe machen und Ihren Hund vom Welpenalter an konsequent erziehen, wird er sehr schnell ein inakzeptables Verhalten entwickeln. Mit der Zeit stört Sie dies und macht sie wütend. Das inakzeptable Verhalten Ihres Hundes wird schlimmer, je länger Sie nichts dagegen unternehmen. Beginnen Sie also spätestens jetzt damit, Ihren Labrador Retriever zu erziehen! Bringen Sie ihm zunächst die Grundkommandos bei und warum er dieses oder jenes tun oder auch nicht tun sollte. Finden Sie den Weg der Kommunikation mit Ihrem Hund. Sie werden sehen, dass er plötzlich einen ganz anderen Platz in Ihrem Leben einnimmt – es macht wieder Spaß, mit Ihrem Hund zusammen zu sein. Er demonstriert Ihnen täglich ihre neu gewonnene Verbundenheit. Mit anderen Worten, Ihr Labrador Retriever vollbringt Wunder für Ihr Wohlbefinden, denn er erinnert Sie stets daran, dass Sie nicht nur sein Herrchen sind, sondern auch sein Held! Ungewöhnliche Dinge sind passiert – Sie haben einen wunderbaren Hund (sogar Familie und Freunde haben die Veränderung mitbekommen) und Sie fühlen sich wohl.

Die Ausbildungsbereitschaft und seine gutmütige Natur machen den Labrador Retriever zu einem populären Hund.

Das alles resultiert allein aus der Tatsache, dass Sie Ihrem Hund Gehorsam beigebracht und den Umgang mit ihm gelernt haben! Die höchste Erfolgsquote, möglichst schnell einen gut erzogenen Hund zu haben, erzielt man, wenn man ihn schon als Welpe rechtzeitig an die Ausbildung gewöhnt. Ist der Hund zu Beginn der Erziehung bereits in einem fortgeschrittenen Alter, dann dauert es länger, die gleichen Resultate zu erzielen wie bei einem Welpen. Unglücklicherweise ist es oft nur fehlende Geduld, an der es Hundebesitzern mit älteren Hunden mangelt, wenn sich der gewünschte Erfolg nicht sofort einstellt. Beginnen Sie deshalb bereits beim Welpen mit der Erziehung. Eine besonders lernfreudige Phase hat der Welpe zwischen der achten und 16. Lebenswoche, manchmal verlängert sich diese sogar bis zur 20. Woche. Alles in dieser Zeit Beigebrachte und Erlernte wird er aufsaugen wie ein trockener Schwamm das Wasser aufsaugt. Er ist stets bereit, Neues dazuzulernen. Ein Grund hierfür liegt darin, dass der Körper in diesem Alter noch keine Sexualhormone produziert. Ohne Sexualhormone konzentriert er sich aufs Herrchen und ist nicht besonders an anderen Hunden, weder Rüden noch Hündinnen, interessiert. Sie sind sein „Leittier", das ihm Nahrung, Wasser, Unterkunft und Sicherheit gibt. Dafür schließt er sich Ihnen an und möchte Ihnen nah sein. Gewöhnlicherweise möchte er Ihnen folgen, wohin Sie auch gehen – Sie nicht außer seiner Sichtweite lassen, besonders dann, wenn Sie sich außerhalb Ihres Hauses aufhalten. Er reagiert freundlich und mit gutem Benehmen gegenüber anderen Tieren und Menschen, die Ihnen begegnen. Wenn Sie Ihren besten Freund herzlich begrüßen, wird er es ebenfalls tun. Selbst wenn Sie in irgendeiner Weise ängst-

Die Aufnahme- und Lernfähigkeit des Welpen ist im Alter von zwei bis vier Monaten am größten.

lich sein sollten, wird Ihr Hund gleichfalls so reagieren.

Eines Tages wird der Körper des Welpen beginnen, Hormone zu produzieren. Seine natürliche Neugier kommt zum Vorschein und er beginnt, sein Umfeld zu untersuchen und Gefallen am anderen Geschlecht zu finden. Zu diesem Zeitpunkt werden Sie merken, dass schlecht erzogene Hunde Kommandos des Besitzers zum Teil ignorieren. Manche Hunde beginnen sogar damit herumzustreunen. Wenn dieses Verhalten zum Problem wird, hat der Besitzer zwei Möglichkeiten: Er kann den Hund abgeben oder erziehen – Sie werden, wenn es überhaupt so weit kommen sollte, hoffentlich Letzteres bevorzugen. Viele Vereine bieten spezielle Trainings an, vielleicht auch in Ihrer Nähe. Manche Kurse werden allerdings zu recht hohen Preisen angeboten. Jedoch bieten viele Vereine Erziehungskurse für Mitglieder auch kostenlos an. Einige Probleme können Sie vielleicht bereits selbst lösen, nachdem Sie dieses Buch gelesen haben. Dies Kapitel ist als Hilfestellung für die Erziehung Ihres Labrador Retrievers

Wussten Sie schon?

Sie sind das große Vorbild für Ihren jungen Labrador Retriever.

Ihr Welpe begegnet anderen Haustieren oder denen von Verwandten oder Freunden mit der gleichen freundlichen oder reservierten Art, wie Sie es selbst auch tun.

Stubenreinheit

Sie können Ihren Welpen gezielt dazu erziehen, wo er sein „Geschäft" machen und sich „lösen" soll. Menschen, die mit ihrem Hund in der Stadt leben, trainieren ihre Welpen oft dazu, sich an Straßenrand zu lösen, weil große Grünflächen nicht vorhanden sind. Bewohner der Vorstadt hingegen haben meist einen Garten für ihren Hund zur Verfügung oder Grünflächen gleich in der unmittelbaren Umgebung. Haben Sie einen geeigneten Untergrund ausgewählt, dann suchen Sie diese Stelle immer wieder auf. Sie erziehen Ihren Hund somit, sich auf dem von Ihnen gewählten Untergrund zu lösen. Diesen wird er künftig bevorzugt aufsuchen. Wenn Sie zunächst beispielsweise nur Grasflächen aufsuchen, wird es Ihrem Hund später schwerfallen, wenn er sich nach zwei Monaten plötzlich nur noch auf Beton lösen soll. Wollen Sie Ihren Hund nicht an einen bestimmten Untergrund gewöhnen, dann wechseln Sie diesen häufiger. So haben Sie den Vorteil, dass Sie in fremder Umgebung, zum Beispiel im Urlaub, nicht lange mit Ihrem Hund um den Block laufen müssen, nur weil er sich nicht „traut", an diesem fremden Ort sein „Geschäft" zu verrichten.

Als nächstes sollten Sie sich ein Kommando überlegen, das Sie ausnahmslos jedesmal benutzen wollen, wenn sich Ihr Welpe lösen soll. Häufig gebraucht werden zum Beispiel: „Gassi!" oder „Mach ein Bächlein!". Wenn Ihrem Hund das von Ihnen bevorzugte Kommando geläufig geworden ist, machen Sie es sich zur Gewohnheit, ihn immer bevor Sie mit ihm hinausgehen zu fragen:

gedacht. Sicher ist der Platz zu knapp, auf die verschiedensten Probleme der Erziehung in allen Details einzugehen. Wenn Sie die folgenden Anweisungen aber gründlich befolgen, dann kommen Sie sicher schnell zu positiven Resultaten. Egal, ob Ihr Labrador Retriever nun noch ein Welpe oder ein bereits ausgewachsener Hund ist, die Lernmethoden und die Lerntechniken für die Grundausbildung sind die gleichen. Weder der Welpe noch der ausgewachsene Hund mögen strenge oder unmenschliche Methoden bei der Erziehung. Bei allen Lebewesen erreichen Sie mehr mit freundlichen Motivationsmethoden, der positiven Verstärkung von gewünschten Verhaltensweisen, und aufrichtigem Lob und Unterstützung – lassen Sie uns also beginnen!

„Musst Du ein Bächlein machen?" Er wird den Ausdruck wiedererkennen und genau wissen, was auf ihn zukommt. Wenn ihm das Kommando schließlich in Fleisch und Blut übergegangen ist, werden Sie schon an seiner Reaktion auf Ihre Frage erkennen können, ob er wirklich muss oder nicht. Zumindest zeigt Ihr Hund an, ob er mit Ihnen nach draußen will oder nicht. Aufgeregtes Umherlaufen, Schwanzwedeln und Begeisterung bedeuten unverkennbar „Ja!" Es wird bei einem Labrador sicher selten vorkommen, dass er keine Lust hat, mit Ihnen auf Erkundungstour nach draußen zu gehen.

Die üblichen Zeiten

Merken Sie sich folgende Faustregel: Ihr Welpe muss sich jedes Mal nach dem Spielen, nach jeder Mahlzeit, nach dem Schlaf und auch jedesmal dann erleichtern, wenn er Ihnen dies durch unruhiges Schnüffeln und Umherlaufen anzeigt. Seine Blasen- und Darmmuskulatur sind im Welpenalter nur unvollkommen entwickelt und er kann sie noch nicht richtig kontrollieren; deshalb ist dieser häufige Lösedrang beim Welpen – wie auch beim Säugling – ganz natürlich. Geben Sie ihm die Möglichkeit, sich zu lösen, indem Sie öfter mit ihm nach draußen gehen – im Alter von acht Wochen möglichst stündlich und nach den angesprochenen Aktivitäten, mit zunehmendem Alter dann nach und nach seltener. Dem erwachsenen gesunden Hund werden dann drei bis vier diesem Zweck dienende Gelegenheiten, über den Tag verteilt, völlig ausreichen.

> **Achten Sie darauf!**
> Die Welpenschule für Anfänger beginnt erst, sobald die Welpen den vollen Impfschutz erhalten haben. Regelmäßiger, wöchentlicher „Unterricht" fördert das richtige Sozialverhalten des Welpen. Tägliche Wiederholungen des neu gelernten zu Hause sind unerlässlich. So ist für Sie der Weg zu einem gut erzogenen Labrador Retriever frei.

Die Unterbringung des Welpen

Käfig, Korb und Auslauf

Die Unterbringungsmöglichkeiten des Welpen und seine Erziehung stehen im direkten Zusammenhang mit dem Erfolg zur Stubenreinheit des Welpen. Ein Welpe ist von Natur aus kein Nestbeschmutzer und deshalb immer bemüht, seine Umgebung sauber zu halten. Der kleine Welpe soll seinen Platz im Haus bekommen, so dass er alles sehen kann, was um ihn herum geschieht. Er kann sich in seinem Käfig aufhalten, dessen Tür selbstverständlich offen steht, oder im Körbchen und hat natürlich seine Kuscheldecke und sein Lieblingsspielzeug bei sich. Klären Sie von vornherein ab, wo Sie den Platz für Ihren Welpen in der Wohnung haben wollen und wo er sich aufhalten darf. Ein Raum des Hauses, in dem die Familie zusammenkommt, ist dafür am besten geeignet. Hunde sind soziale Tiere und müssen das Gefühl haben, von Anfang an zu ihrem Rudel zu gehören. Ihre Stimme hören, Ihnen zuschauen und Ihre Nähe spüren – das sind alles Dinge, die den Welpen darin bestärken: Er gehört zur Familie.

Eine andere Ecke in Ihrem Haus, die dem Welpen als „sein eigener Platz" zugewiesen wird, wäre optimal. Dort kann zum Beispiel sein Käfig stehen oder sein Körbchen. Von diesem Punkt aus kann er die Aktivitäten der ganzen Familie beobachten. Die Größe des Käfigs oder des Körbchens muss sorgfältig ausgewählt werden und groß genug sein, um es ihm zu ermöglichen ausgestreckt zu liegen.

Kontrolle

Kontrolle bedeutet schlicht, Ihrem Welpen zu helfen, seine Lebensweise voll der seines menschlichen Rudels (also Ihrer!) anzugleichen. Ebenso wie wir unsere Kinder dazu bringen, unserem Tagesablauf zu folgen und ihn zu re-

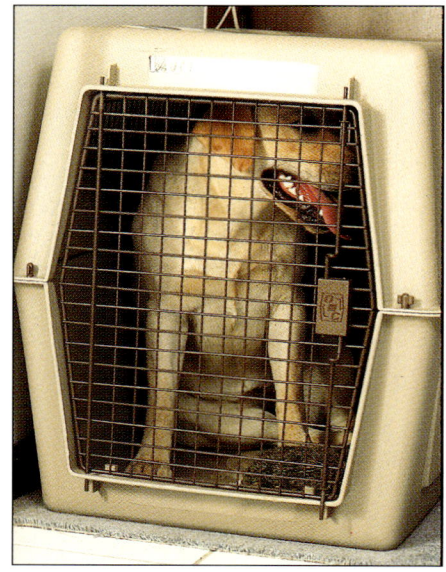

Ihr Labrador Retriever muss seine Box als seine Höhle anerkennen.

spektieren, müssen wir auch dem Welpen zeigen, wann seine Spiel-, Essens-, Schlaf- und Lösezeiten sind und wann er sich allein beschäftigen muss.

Ihr Welpe sollte von Anfang an lernen, an seinem Platz zu schlafen – und nur dort. Er muss begreifen, dass er – zu seiner eigenen Sicherheit und Bequemlichkeit – tagsüber zeitweise auch allein in seinem Bereich bleiben muss, zum Beispiel wenn im Haushalt ein großes Durcheinander herrscht, oder wenn morgens ein Familienmitglied nach dem anderen mehr oder weniger hektisch das Haus verlässt. Grundsätzlich gilt: Wenn Sie Ihren Welpen allein lassen müssen, achten Sie darauf, in welche Bereiche er ohne Aufsicht bedenkenlos gehen kann. Wie schon gesagt, Welpen kauen gern. Sie kennen aber den Unterschied nicht zwischen Tischbeinen, Schuhen, Elektro- und Fernsehkabeln. Vor allem die erste Begegnung mit Strom kann fatal für den Hund und Ihr Haus enden. Vielleicht nutzt Ihr Welpe die Zeit auch und nagt die Armlehne Ihres Sessels an. Es ist ganz natürlich, dass Sie sich darüber ärgern und ihn nach Ihrer Rückkehr gehörig ausschimpfen wollen – aber halt! Schlucken Sie zweimal und denken Sie nach: Ihr Welpe würde hierdurch einzig und allein die Erfahrung machen, dass Ihre Rückkehr für ihn Unannehmlichkeiten bedeutet! Die Armlehne hat er längst vergessen; er ist nicht in der Lage, Ihren Zorn mit dieser Tat in Zusammenhang zu bringen. Aber die Bestrafung würde er mit Sicherheit nie vergessen!

Außergewöhnliche Anlässe in Ihrem Haus wie Partys oder Familienfeiern mit vielen Besuchern findet auch Ihr Welpe aufregend – solange er sie aus der Geborgenheit seiner Box beobachten kann, ist das in Ordnung. Er ist nicht in Gefahr, getreten zu werden, und Ihnen ist es sicher lieber, nicht ständig aufpassen zu müssen, ob er mit „Leckerbissen" gefüttert wird, die ohnehin ungesund für ihn sind.

Der Tagesablauf
Nach jeder Mahlzeit, nach jeder Spielstunde, jedesmal, wenn Sie ihn aus seiner Box holen, jeden Morgen sofort nach dem Aufwachen (das kann bei einem Welpen durchaus schon um fünf Uhr morgens sein!) und natürlich immer dann, wenn er es durch unruhiges Drehen und Schnüffeln anzeigt, muss Ihr

> ### Wussten Sie schon?
> Grundgehorsamskurse dauern meist zwischen sechs und acht Wochen. Hund und Besitzer nehmen einmal in der Woche an einer Übungsstunde teil und üben dann zu Hause mehrmals am Tag für ein paar Minuten. Wenn dies konsequent durchgeführt wird, ist das Ergebnis ein wohlerzogener Hund und ein Besitzer, der froh sein kann, mit einem Hund zusammen zu leben, der sich gut benimmt.

Hund Gassi. Mit einem Welpen unter zehn Wochen sollten Sie stündlich nach draußen gehen. Wenn er älter wird, hält er es nach und nach länger aus.
Wählen Sie eine nahe gelegene Stelle zum Lösen aus. Verweilen Sie nur kurz an seinem Löseplatz, nie länger als fünf Minuten und kehren dann in die Wohnung zurück! Erleichtert Ihr Welpe sich

während dieser Zeit, loben Sie ihn in den höchsten Tönen und gehen zurück nach Hause. Wenn nicht und das Unglück passiert nach der Rückkehr, nehmen Sie ihn mit einem scharfen „Nein!" hoch und

Jeder Hund sollte an den Käfig gewöhnt werden.

gehen mit ihm zu seinem Löseplatz zurück. Sie dürfen Ihren Welpen nie schlagen oder seine Nase in seine Hinterlassenschaften drücken, wenn ihm ein Missgeschick passiert! Unverständlicherweise scheint diese Unsitte auch heute noch recht verbreitet zu sein. Wenn Sie wieder im Haus sind, soll der Kleine zweckmäßigerweise an seinem Platz bleiben, bis Sie sein Missgeschick in Ruhe beseitigen konnten. Sonst könnte er durch den noch wahrnehmbaren Geruch dazu stimuliert werden, sich wiederum an der gleichen Stelle zu lösen! Nachdem Sie ihn wieder frei in der Wohnung umherlaufen lassen, beobachten Sie ihn noch intensiver als zuvor, damit Sie erkennen, wann er muss. Es ist gut möglich, dass Ihr Welpe sich nur deshalb in der Wohnung lösen musste, weil Sie seine Zeichen übersehen oder zu lange mit den Gassi gehen gewartet haben. Seien Sie aber niemals böse, wenn „es" denn doch geschehen ist. Mit der Zeit wird er begreifen, dass diese kurzen „Ausflüge" ausschließlich dazu dienen, sich zu lösen und nicht zum Spielen da sind. Wenn er dies erst einmal begriffen hat,

Entwicklungsstufen des Hundes

Es ist wichtig zu verstehen, wie und in welchem Alter ein Welpe sich zum erwachsenen Hund entwickelt. Als Welpenbesitzer sollten Sie den nachfolgenden Plan über die verschiedenen Entwicklungsstufen, die ein Junghund durchläuft, zu Rate ziehen, um so herauszufinden, in welcher Phase sich Ihr Welpe gerade befindet. Diese Kenntnis wird Ihnen in den ersten Wochen und Monaten bei der Arbeit mit Ihrem Hund eine große Hilfe sein.

Phase	Alter	Merkmale
ERSTE BIS DRITTE	GEBURT BIS 7 WOCHEN	Der Welpe braucht Futter, Schlaf und Wärme und reagiert auf sanfte Berührung; er braucht seine Mutter, die ihm Sicherheit gibt und ihn erzieht, und seine Geschwister, um den Umgang mit anderen Hunden zu lernen; er lernt Rudelverhalten und die Rangordnung im Rudel zu akzeptieren. Er fängt an, mit Erwachsenen und Kindern Kontakt aufzunehmen und bewusst seine Umgebung wahrzunehmen.
VIERTE	8 BIS 12 WOCHEN	Das Gehirn ist voll entwickelt. Jetzt muss die Gewöhnung an die Außenwelt beginnen. Mutter und Geschwister werden immer weniger gebraucht. Kann jetzt vom Hunde- ins Menschenrudel wechseln und begreift schnell die menschliche Dominanz. Von acht bis 16 Wochen hat der Welpe seine „ängstliche" Phase; furchterregende und schmerzhafte Erfahrungen sollten von ihm ferngehalten werden.
FÜNFTE	13 BIS 16 WOCHEN	Beginn des Gehorsamstrainings. Bringen Sie Ihren Welpen mehr in menschliche Gesellschaft, sorgen Sie dabei weiterhin für positive Erlebnisse. Denken Sie daran: Nun beginnt der Wechsel zum Erwachsensein. Behandeln Sie ihn fest, aber gerecht! Sein Fluchtinstinkt ist jetzt deutlich ausgeprägt. Sowohl zu große Nachgiebigkeit als auch übermäßige Strenge können irreparable Schäden anrichten. Loben Sie ihn bei jeder Gelegenheit!
JUNGHUND	4 BIS 8 MONATE	Noch eine „ängstliche" Phase im Alter von sieben bis acht Monaten, die zwar schnell vorüber ist, aber dennoch sollte er in dieser Zeit nicht verschreckt werden oder Schmerzen erleiden. Die Geschlechtsreife ist erreicht; die wichtigsten Charakterzüge sind gefestigt. Er sollte „Sitz", „Platz", „Komm" und „Bleib" befolgen können.

Anmerkung: Dies ist nur ein ungefährer Zeitrahmen. Individuelle Unterschiede bei den Welpen sind zu berücksichtigen.

Wussten Sie schon?

Sie haben für Ihren Welpen einen Schlafplatz eingerichtet. Ihr Hund hat diesen Schlafplatz angenommen oder sich selbst sein bevorzugtes Plätzchen gesucht. Auf jeden Fall wird er sich nie an seinem Schlafplatz lösen. Hunde sind keine Nestbeschmutzer. Der Löseplatz wird ihm gezeigt und der Welpe lernt schnell, diesen Platz zu nutzen. Mit der Zeit entwickeln sich seine Schließmuskeln und er lernt, sie immer besser zu kontrollieren. Er wird, um sich zu lösen, seinen Löseplatz aufsuchen und so Ihr Haus sauberhalten.

wird er drinnen und draußen spielen und trotzdem genau wissen, wann er sein Geschäft zu verrichten hat.

Gewöhnen Sie ihn an feste Zeiten, zu denen er sein Nickerchen machen, allein sein, allein spielen oder in seiner Box ausruhen soll. Zeigen Sie ihm, dass er sich auch alleine beschäftigen kann, wenn Sie gerade beschäftigt sind. Er muss lernen, dass Ihre Gesellschaft zwar sehr angenehm ist, Ihr Lebensinhalt aber nicht darin besteht, rund um die Uhr nur für ihn dazusein.

Auch wenn Sie Ihren Labrador an seinen Platz oder in seine Box verweisen, sollten Sie jedesmal dasselbe Kommando benutzen. Nach kürzester Zeit wird er

Prägungsspieltage
Eine neue Methode zur Erziehung von Welpen

Ein Prägungsspieltag ist ein Treffen von Welpen zur Weiterführung des Spiel-Lernens mit Gleichaltrigen und dem neuen Rudelführer Mensch. Es ist ein Ersatz für die viel zu früh verlassenen Geschwister, die im Wildrudel kaum vor einem Jahr getrennt würden. Um einen Welpen optimal in seine neue Familie einzugliedern, ist es jedoch nötig, ihn möglichst jung, das heißt während der Sozialisierungsphase, aus dem Hunderudel zu nehmen. Zu diesem Zeitpunkt ist ein innerartliches Verhalten jedoch noch keineswegs gefestigt, es bedarf weiterer regelmäßiger Übung im Spiel mit anderen Welpen.

Den Welpen in der lernfähigsten Zeit seines Lebens ohne Erziehung zu lassen, ist nach den heutigen kynologischen Erkenntnissen nicht mehr zu verantworten. Ein wichtiger Teil eines guten Prägungsspieltags ist aus diesem Grunde die Anleitung des Besitzers für eine vorsichtige Früherziehung.

Zwischen der dritten und zwölften Lebenswoche ist der Welpe in der Lage, alles, was er wiederholt, erfahren und gelernt hat, prägungsähnlich in seinem Gedächtnis zu speichern. Die Grundlage der Erziehung muss daher zu diesem Zeitpunkt erfolgen. Die Wichtigkeit qualifizierter Anleitung ergibt sich jedoch ebenfalls aus dem vorher Gesagten, da auch die fehlgelaufenen Erfahrungen und Erlebnisse prägungsähnlich gelernt werden.

Prägungsspieltage werden von Hundevereinen über die Zeitung und häufig auch auf Hundeübungsplätzen angeboten. Informieren Sie sich rechtzeitig, damit Sie nach dem Erwerb Ihres jungen Labrador Retrievers baldmöglichst an einer solchen Gruppe teilnehmen können.

Wussten Sie schon?

Legen Sie den Schlafplatz nie mit Zeitungspapier aus. Häufig wird der Bereich um die Wurfkiste zum Zwecke der Sauberhaltung mit Zeitungspapier ausgelegt. Die Welpen sind daran gewöhnt, sich auf Zeitungspapier zu lösen. Benutzen Sie Zeitungspapier nur dort, wo er sich auch lösen darf. Zu guter Letzt lassen Sie Ihren Welpen vor dem Schlafen nicht zu viel trinken. Bieten Sie ihm nur kleine Mengen Wasser an. Hastig getrunken, kann sich der Welpe erbrechen.

wickelter Welpe schnell über die Phase der „Missgeschicke" hinaus sein und bereit sein für ein langes und glückliches Hundeleben.

Regeln der Erziehung – Lob und Tadel

Disziplin bedeutet, sich nach bestimmten Regeln zu verhalten, die Ordnung in das Leben bringen. Ohne Disziplin, insbesondere in einer größeren Gemeinschaft, bricht Chaos aus, und die Gruppe wird früher oder später auseinanderbrechen. Menschen und Hunde sind soziale Lebewesen, deren Gemeinschaft

Hunde müssen Disziplin in allen Situationen bewahren. Sie müssen sich auch anderen Hunden gegenüber ordentlich verhalten.

von allein dorthin laufen, sobald er Ihren Befehl hört. Lassen Sie Ihren Hund anfangs aber niemals zu lange darin (außer nachts, wenn ohnehin das ganze Haus schläft). Sämtliche Erfahrungen des Welpen mit seiner Box müssen positiv sein, dann wird Ihr ausgewachsener Labrador mit Begeisterung auch längere Zeit in ihr verbringt. Er hat gelernt, diese als selbstverständlichen Teil seines Lebens zu akzeptieren. Dies bringt Sicherheit für den Hund, für Sie und für Ihr Haus. Diese Sicherheit wird das Selbstvertrauen Ihres Welpen entscheidend fördern – neben der Tatsache, dass die Box ein wertvolles Hilfsmittel bei der Erziehung zu seiner Stubenreinheit ist.

Sie sehen: Es sind nur wenige Schlüsselelemente für eine erfolgreiche Erziehung zur Stubenreinheit vonnöten – Konsequenz, Regelmäßigkeit, Lob, Kontrolle und Beaufsichtigung. Wenn Sie diese Grundregeln stets vor Augen haben, sollte ein gesunder, normal ent-

Achten Sie darauf!

Mahlzeiten sollten in Ruhe eingenommen werden. Suchen Sie dafür einen etwas abgelegenen Platz für den Labrador Retriever aus. Eine Ecke in Ihrer Küche ist gut geeignet. Er möchte nicht gestört werden und wenn Sie Kinder haben, sollten diese den Hund nicht beim Fressen stören.

ohne eine gewisse Disziplin nicht funktionieren kann. Sowohl im Hunde- wie auch im menschlichen Familienverband muss Futter besorgt, das Heim geschützt, der Nachwuchs betreut und die Vermehrung gesichert werden, sonst geht die Gruppe unter. Das Lebewesen, das disziplinlos ist und sich in eine solche Gemeinschaft nicht einfügt, würde verhungern oder von Stärkeren gefressen werden. Hier schließt sich der Kreis: Unsere Haushunde brauchen Disziplin, um zu verstehen, wie ihr Rudel (also Sie und Ihre Familie) funktioniert, und wie sie sich zu verhalten haben, um sich problemlos in diese Gemeinschaft einzufügen.

In einem dichtbesiedelten Gebiet in Amerika wurden Hundebesitzer darüber befragt, wie sie das Zusammenleben mit ihrem Hund beurteilten. Das Ergebnis kann nicht verwundern: Diejenigen,

Es kommt gelegentlich vor, dass Ihr Hund getadelt werden muss

die ihren Hund erzogen hatten, waren zu 75 % zufriedener mit ihrem Vierbeiner als die Leute, deren Hund keine solche Erziehung genossen hatte.

Der amerikanische Psychologe Dr. Edward Thorndike hat eine Theorie aufgestellt, die unter dem Namen „Thorndikes Theorie des Lernens" bekannt geworden ist und auf der simplen Erfahrung gründet, dass ein Verhalten, das ein erfreuliches Ereignis nach sich zieht, gern wiederholt wird. Dementsprechend wiederholt man etwas, das zu einer schlechten Erfahrung führt nicht.

Auf dieser Theorie bauen alle modernen Trainingsmethoden auf. Wenn Sie einem Hund beispielsweise ein bestimmtes Verhalten beibringen und ihn belohnen, sobald er es gezeigt hat, wird er es gern wiederholen – einfach weil er das Endergebnis genießt!

Wussten Sie schon?

Führen Sie Ihren Hund stets zum selben Ort, damit er sein „Geschäft" erledigen kann. Benutzen Sie auch stets dasselbe Kommando und führen Sie ihn an der Leine dorthin. Im eigenen Garten ist diese nicht unbedingt nötig. Nach kurzer Zeit, wenn sich die Schließmuskulatur vollständig entwickelt hat, wird auch Ihr Labrador Retriever stubenrein sein. Bedenken Sie, dass kleinere Rassen schneller ausgewachsen sind als große. Der Labrador Retriever gehört zu den schnell wachsenden, großen Hunderassen. Alle Hunde sollten bis zu einem Alter von sechs Monaten gut erzogen sein.

Gelegentlich ist eine Bestrafung für ein Fehlverhalten unumgänglich. Einzig effektiv sind dabei Strafen, die unmittelbar auf das Fehlverhalten folgen. Am besten ist es natürlich, wenn man direkt aus einem Fehlverhalten lernt, weil es zu einer unangenehmen Erfahrung führt. Hierzu ein leicht verständliches Beispiel: Einem Kind wird verboten, den Ofen anzufassen, da es sich leicht daran verbrennen könnte. Es gehorcht nicht und berührt den Ofen trotz aller Warnungen. Das Kind verbrennt sich und erleidet Schmerz. Von nun an wird es den Ofen meiden. Es gilt: Ein Verhalten, das zu einem negativen Ereignis führt, wird nicht wiederholt.

Ein treffendes Beispiel für diese These liefert der Hund, der ständig die Katze jagt. Schon hundertmal wurde ihm befohlen, die Katze nicht zu ärgern, aber er hört nicht auf, denn es macht einfach zu viel Spaß! Eines Tages hat die Katze die Nase voll hat, sie dreht sich um, kratzt dem Hund mit ihren scharfen Krallen quer durch das Gesicht und lässt ihn mit einer schmerzhaften Wunde stehen. Der Hund wird die Katze künftig aller Wahrscheinlichkeit nach in Frieden lassen.

Trainingshilfen

Halsbänder und Leinen

Ein einfaches Halsband aus Leder oder aus Nylon genügt den meisten Hunden. Für einen Hund, der stark an der Leine zerrt, benutzt man oftmals ein Stopp-Halsband. Kettenhalsbänder benutzt man bei kräftigen, aktiven Hunden. Leinen aus Leder oder Nylon gibt es in den verschiedensten Variationen.

Futter als Belohnung

Haben Sie stets ein paar Leckerlis dabei. Bei neuen Übungen benutzen Sie diese schmackhaften Leckerlis und unterstützen so Ihr Lob für den Hund. Dies macht es für ihn noch attraktiver, Ihrer Aufforderung zu folgen.

Das Training beginnt ... am besten mit einer Frage

Zu Beginn der Trainingsstunde ist es wichtig, die Aufmerksamkeit des Hundes zu erlangen. Es ist unmöglich, einem Hund etwas zu vermitteln, wenn sein Blick und sein Interesse auf andere Dinge gerichtet sind. Um also seine Aufmerksamkeit zu erhalten, sprechen Sie ihn an. Es ist hilfreich, ihn zu Beginn immer mit demselben Wort anzusprechen. Dieser „Startbefehl" signalisiert dem Hund, dass nun das Training beginnt. Er wird seinen Blick konzentriert auf Sie richten. Loben Sie Ihren Hund und unterstützen Sie sein Interesse. Halten Sie dabei ein Leckerli in der Hand und zeigen Sie ihm das Leckerli. Ihr Startbefehl in Zusammenhang mit dem zu erwartenden Leckerli zeigt dem Hund, dass seine Aufmerksamkeit belohnt wird. Später wird das Leckerli nicht mehr nötig sein, und es genügt, wenn Sie das Startwort sagen, um seine Aufmerksamkeit zu erlangen. Der Hund bringt diesen Befehl mit einer bestimmten Situation in Zusammenhang. Er versteht nicht den direkten Sinn des Befehls, weiß aber, wenn dieses Wort fällt, was immer Sie sich als Startwort ausgedacht haben, dann beginnt das Training, dann wird Aufmerksamkeit verlangt!

Die Grundkommandos

Das „Sitz"
Nachdem Sie die Aufmerksamkeit des Hundes erlangt haben, halten Sie die Leine in Ihrer rechten und nehmen ein Leckerli in die linke Hand. Lassen Sie den Hund an dem Leckerli schnuppern, aber geben Sie es ihm nicht.
Rufen Sie nun den Befehl „Sitz" und lassen Sie langsam die Hand mit dem Futter über seinen Kopf gleiten, so dass er seine Nase heben muss und der Kopf hoch geht. Dies bringt ihn in die Situation, dass er sein Gleichgewicht korrigieren muss und sich setzt. Sie können allerdings auch diesen Befehl damit verstärken, dass Sie ohne Leckerli ihre linke Hand auf seinem unteren Rücken ruhen lassen und ihn mit sanftem Druck nach unten drücken. Loben Sie ihn sofort mit „braver Hund, fein Sitz!". Seien Sie bei der Grundausbildung ein wenig enthusiastischer im Umgang mit Ihrer Stimme. Der Hund muss das Gefühl haben,

etwas außergewöhnlich Gutes gemacht zu habe. Hierbei ist die Stimme ein wunderbares Hilfsmittel zur Unterstützung des Befehls. Wiederholen Sie den Befehl „Sitz", wenn der Hund sich gesetzt hat erhält er auch die Belohnung.
Das Leckerli wird immer dann eingesetzt, wenn Sie Ihrem Hund etwas neues beibringen. Wenn Ihr Hund den speziellen Befehl gelernt hat, loben Sie weiterhin mit Ihrer Stimme und streicheln ihn mit der rechten Hand. Der Hund soll sich nicht ausschließlich an die Belohnung mit Leckerlis gewöhnen, wohl aber den Klang Ihrer Stimme als angenehm empfinden. Im übrigen haben Sie Ihre Stimme in jeder Situation zur Verfügung, aber nicht immer ein Leckerli dabei.

Das „Platz"
Die „Platz"-Übung ist einfach, wenn Sie verstehen, wie der Hund diese Übung empfindet. Falsch angewendet, kann Sie bei dem Hund große Gegenwehr ent-

Labrador Retriever sind leicht mit Futter motivierbar. Dies sollten Sie für Ihr Training nutzen, aber bei Abschluss Ihres Trainings auch wieder auf das alleinige Lob durch die Stimme reduzieren.

Übung macht den Meister!

- Üben Sie täglich mit Ihrem Hund in mehreren kleinen Sequenzen. Drei bis fünf Mal pro Tag nur einige Minuten lang.
- Praktizieren Sie eine Übung nie zu lang, dem Hund wird es langweilig und er wird unaufmerksam.
- Üben Sie nicht mit dem Hund, wenn Sie krank oder völlig unmotiviert sind. Ihre Stimmung überträgt sich auf Ihren Hund und der Erfolg lässt zu wünschen übrig.
- Gehen Sie positiv und mit Spaß an die Sache. Vergessen Sie Lob und Leckerlis nicht, dann macht es dem Hund mehr Freude und Sie können den Erfolg genießen.

wickeln, und er könnte versuchen, sich aus der Situation zu retten, wenn Sie den „Platz" Befehl geben. Lassen Sie Ihren Hund ganz nah an Ihrem linken Fuß sitzen. Er blickt in dieselbe Richtung wie Sie. Halten Sie die Leine in der linken Hand und ein Leckerli in der rechten Hand. Nun positionieren Sie Ihre Hand langsam in Höhe des Schulterblatts. Lassen Sie die Hand ohne Druck auszuüben einfach ruhig dort liegen. Mit der anderen Hand haben Sie den Hund ganz dicht an Ihrem linken Fuß, so dass er keine Möglichkeit hat, Ihnen auszuweichen. Nun lassen Sie die Hand zu seiner Nase wandern und sagen sehr sanft fast flüsternd: „Platz". Die Hand gleitet nun zwischen die Vorderpfoten des Hundes. Wenn Sie den Boden berühren, lassen Sie sie langsam vor dem Hund auf den Boden

Dem Hund den „Platz"-Befehl beizubringen ist im Grunde einfach, wenn man beachtet, was der Hund dabei empfindet.

vorgleiten. Sprechen Sie weiterhin sanft mit dem Hund, um seine Aufmerksamkeit aufrecht zu halten. Der leise Ton Ihrer Stimme animiert den Hund, Ihrer Hand mit dem Leckerli zu folgen, in der Erwartung, das Futter zu erhalten. Wenn die Ellenbogen des Hundes den Boden erreichen, dann geben Sie das Futter frei und loben ihn leise. Versuchen Sie den Hund in dieser Position ein paar Sekunden verharren zu lassen. Der Sinn ist, dass der Hund es als angenehm empfindet, wenn er die „Platz"-Position einnimmt und nicht als demütigend.

Das „Bleib"

Es ist eigentlich ganz einfach, den Hund in der „Sitz"- oder „Platz"-Position zu halten. Wieder benutzen wir als Belohnung ein Leckerli und den sanften Ton unserer Stimme, um dem Hund verständlich zu machen, was wir von ihm erwarten. Wir wollen dem Hund zunächst die „Bleib"-Position aus der „Sitz"-Haltung heraus beibringen. Dazu lassen wir den Hund an unserer linken Seite sitzen. Wir halten die Leine in unserer linken Hand und haben Futter in unserer rechten. Die Futterhand halten wir vor die Nase des Hundes und sagen „Bleib". Dabei drehen wir uns vom Hund weg, um ihm direkt gegenüber zu stehen. Wir stehen direkt vor dem Hund und er kann das Leckerli belecken. Versichern Sie sich, dass er den Kopf oben hält und in der „Sitz"-Position bleibt. Zählen Sie bis fünf und nehmen die ursprüngliche Stellung neben dem Hund wieder ein. Sobald Sie wieder neben dem Hund stehen, geben Sie ihm das Leckerli und loben ihn sanft. Ebenso gehen Sie bei der „Platz"-Position

Es ist leicht, einem Labrador Retriever das „Bleib"-Kommando beizubringen, wenn er das „Sitz" bereits beherrscht.

vor. Sobald der Hund die gewünschte Position eingenommen hat, sagen Sie „Bleib" und verharren einige Sekunden vor dem Hund. Nach Einnehmen der ursprünglichen Stellung, loben Sie den Hund und geben ihm das Leckerli. Wiederholen Sie diese Übungen und denken Sie immer an ein Lob!

Nach ein paar Tagen können Sie beginnen, die Distanz zwischen Ihnen und Ihrem Hund zu vergrößern. Nutzen Sie die linke Hand für ein Sichtzeichen. Die hochgehaltene, offene Hand signalisiert dem Hund „Halt, hier muss ich in meiner Position verharren!" Halten Sie das Futter wie gewohnt in der rechten Hand, ohne dass diesmal die Hand die Nase des Hundes berührt. Er wird der Futterhand mit dem Blick folgen und schnell lernen,

Das „Komm"

Den „Komm"-Befehl muss Ihr Hund, wie jedes andere Kommando auch, mit einer angenehmen Erfahrung verbinden. Nur dann hat Ihr Schüler an dieser Übung Spaß und kehrt gerne zu Ihnen zurück, wenn Sie ihn rufen. Doch gerade in den Momenten, in denen Sie Ihren Hund rufen, sind Sie oft aufgeregt oder ängstlich und lassen ihn Ihre Stimmung durch die Stimme spüren. Wenn der Hund nun die erregte Stimme des Besitzers vernimmt, wird er vielleicht gar nicht zu Ihnen kommen, da er unsicher ist, was ihm erwartet. Bringen Sie dem Hund den „Komm"-Befehl in Form eines Spiels bei. Dies ist praktisch eine Übung, bei der man keine Fehler machen kann. Lassen Sie Ihre Familie an diesem Spiel teilnehmen! Jeder bekommt ein Leckerli in die Hand und jeder entfernt sich in eine andere Richtung in verschiedene Räume des Hauses. Legen Sie fest, wer den Hund rufen soll. Jede vom Hund gefundene Person soll nun den Hund über alle Maße loben und ihm als Belohnung das Leckerli geben. Die Spielregeln sind einfach: Wenn eine Person den Hund ruft, soll der Hund sie finden. Als Gewinn winkt ein

Die Entfernung zu Ihrem Hund sollte beim „Bleib"-Befehl langsam gesteigert werden.

dass er das Futter erhält, sobald Sie Ihre ursprüngliche Position an seiner Seite wieder eingenommen haben.

Wenn Sie mit etwa zwei Meter Abstand für 30 Sekunden vor Ihrem Hund verharren können, dann haben Sie eine gute Basis geschaffen, und die Zeit ist reif, um die Distanz zu Ihrem Hund und den Zeitraum bis zu Ihrer Rückkehr schrittweise zu vergrößern. Es kann vorkommen, dass der Hund bereits vor Ihrer Rückkehr in die Ausgangsposition seine „Bleib"-Stellung verlässt. Kehren Sie zu ihm zurück und wiederholen Sie den Vorgang. Vergessen Sie niemals ihn bei Gelingen zu loben!

Wussten Sie schon?

Fühlt sich der Hund in einer Situation bedroht, dann wird er nicht die „Platz"-Position einnehmen und sich nicht hinlegen, weil ihm sein Instinkt sagt, dass er eventuell weglaufen oder sich im Kampf mit seinem Gegenüber auseinandersetzen muss. Deshalb ist es wichtig, diese Übungen in Ruhe und mit Geduld zu trainieren.

Leckerli für den Hund und jede Menge Lob. Ein paarmal gespielt, lernt der Hund schnell, dass es sich für ihn lohnt, zu der Person zu gehen, die das Kommando gegeben hat. Er wird auf das Kommando „Komm" hin aus jeder Situation fröhlich zu Ihnen gelaufen kommen. Dies ist einer der wichtigsten Befehle, die Ihr Hund lernen muss.

Das „Fuß"

„Fuß"-gehen bedeutet, dass der Hund neben seinem Besitzer läuft, anfangs ohne an der Leine zu zerren, später auch ganz ohne Leine. Es dauert einige Zeit und erfordert die Geduld des Besitzers, um bei dieser Übung erfolgreich zu sein. Beginnen Sie damit, die Leine in Ihre linke Hand zu nehmen und den Hund an Ihrer linken Seite sitzen zu lassen. Halten Sie das Ende der Leine in Ihrer rechten Hand, jedoch führen Sie den Hund mit der linken dicht am Körper. Sagen Sie „Fuß" und gehen Sie mit dem linken Bein einen Schritt vorwärts. Halten Sie den Hund nah bei sich und gehen Sie drei Schritte. Dann stoppen Sie und lassen den Hund sitzen. Dies ist die Ausgangsposition für die „Fuß"-Übung. Loben Sie Ihren Hund, aber berühren Sie ihn nicht. Warten Sie einen kurzen Moment und beginnen dann die Übung. „Fuß" zeigt dem Hund an, dass es los geht. Gehen Sie wieder drei Schritte vorwärts und halten dann an. Hier lassen Sie den Hund wieder sitzen. Der Vorteil ist, dass der Hund bei diesen drei kleinen Schritten nicht an der Leine ziehen wird. Wenn er also ruhig mit Ihnen geht, dann erhöhen Sie die Schrittzahl auf fünf, auf zehn und so weiter. Die Wegstrecke wird immer

dann verlängert, wenn der Hund ruhig und mit durchhängender Leine „Fuß" gegangen ist. Wenn Sie die Übung beenden, teilen Sie dem Hund dies mit, indem Sie ihn loben „gut gemacht, feiner Hund!" Er wird das Lob als Abschluss der Übung verstehen und weiß, dass dies Training vorüber ist und er sich nun entspannen kann. Wenn Ihr Hund mit dem Zerren fortfahren sollte, unterbrechen Sie Ihre Schrittfolge und stoppen Sie, bis der Hund sich wieder beruhigt hat, um die Übung zu wiederholen. Der Hund muss verstehen, dass Ihr Spaziergang genau in dem Moment endet, in dem er beginnt an der Leine zu ziehen und es nirgendwo mehr hingeht! Geben Sie dem Hund zu verstehen, dass Sie erst dann weitergehen werden, wenn er locker neben Ihnen herläuft. An der Leine zerren wird nicht toleriert. Verharren Sie einige Zeit in Ihrer Position und beginnen Sie die Übung von neuem. Immer wenn der Hund zu Ihnen aufschaut oder

Die Leidenschaft des Apportierens ist beim Labrador Retriever angeboren. Diese Eigenschaft kann deshalb leicht gefördert werden.

Das „Fuß"-Training mag zu Beginn schwierig erscheinen. Für den täglichen Spaziergang ist das „Fuß" jedoch unerlässlich.

die Leine locker hängen lässt, loben Sie ihn leise und wiederholen den Befehl „guter Hund, fein Fuß!" Der Hund wird schnell lernen und innerhalb kurzer Zeit hat er verstanden, was Sie von ihm verlangen. Er wird mit Ihnen spazieren gehen, ohne an der Leine zu zerren. Als positiven Abschluss dieser Übung ist ein ausgiebiger Spaziergang eine gute Belohnung. Vergessen Sie auch nicht, dem Hund genügend Zeit zum Spielen zu geben, damit die Übungen nicht aus-schließlich den Tagesablauf bestimmen.

Abgewöhnung des Futtertrainings

Belohnung mit Futter ist so lange eine gute Trainings-möglichkeit, bis der Hund die Kommandos verstanden hat. Nun ist es Zeit, die ausschließliche Belohnung durch Leckerlis zu reduzieren und letztlich wieder abzugewöhnen. Zuerst gibt man eine Belohnung nach jeder ausgeführten Übung. Dann beginnt man, die Belohnung auf die abgeschlossenen Übungen zu reduzieren. Wechseln Sie zwischen der Belohnung mit einem Leckerli oder nur mit einem Lob, wobei ein verbales Lob grundsätzlich gegeben werden muss. Dabei soll der Hund keine Gesetzmäßigkeit erkennen können, wann er ein Leckerli bekommt und wann „nur" ein Lob folgt. So wird der Hund immer versuchen, die Übung korrekt auszuführen, da er ja nicht voraussieht, wann er sein Leckerli bekommt. Schließlich reduzieren Sie die Belohnung mit Leckerlis ganz und loben den Hund nur noch mit Worten.

Gehorsamstraining und Grundausbildung

Wie bereits gesagt, ist es eine gute Idee, den Hund bei einem Erziehungskurs anzumelden, wenn es eine Möglichkeit in Ihrer Nähe gibt. In vielen Gegenden gibt es Hundevereine, die eine Grundausbildung, sowie Welpenspieltage anbieten.

Richtig trainieren

Wenn Sie zu Beginn des „Fuß"-Trainings lange Spaziergänge mit strammer Leine dulden, dann wird Ihr Hund dies für normal halten und es dauert um so länger, bis Sie mit einem entspannten Hund und durchhängender Leine spazieren gehen können.

In manchen Clubs gibt es die Möglichkeit, an Vorbereitungskursen für sogenannte „Obedience"-Wettbewerbe teilzunehmen. Auch private Hundeschulen bieten ähnliche Kurse an. Bei Obedience Wettbewerben können Hunde verschiedene Auszeichnungen, je nach Leistungsklasse, gewinnen. Die Wettkämpfe für Anfänger beeinhalten nur die Grundübungen wie „„Sitz",„Platz", „Fuß" usw. In den Klassen für Fortgeschrittene kommen Spring- und Apportierübungen, das Unterscheiden verschiedener Gerüche, sowie die Arbeit mit Handzeichen hinzu. Das höhere Leistungsniveau verlangt von Hund und Halter viel Zeit und Geduld.

Andere Aktivitäten

Ist ein Hund erst einmal auf seinen Grundgehorsam ausgebildet, dann gibt es noch viele weitere Möglichkeiten ihn zu beschäftigen. Viele Aktivitäten machen Spaß und bringen sowohl dem Hund als auch dem Besitzer eine große Befriedigung. Der Labrador Retriever ist ein äußerst vielseitiger Hund und wird sogar als Führhund für Blinde ausgebildet. Auch als Familienhund kann er äußerst vielseitig ausgebildet werden. Einem Hund beizubringen, wie er im Haus, im Garten oder auf dem Hof helfen kann, das ist ein großes Erfolgserlebnis für Halter und Hund. Ein Hund kann das Zusammenleben einfacher machen und sich so als geachtetes Familienmitglied integrieren. Der Hund erhält eine Aufgabe, er ist stets gefordert und erhält dadurch die Möglichkeit, seine Energie umzusetzen.

Man kann mit dem Hund hervorragend Bergwanderungen unternehmen, eine

äußerst gesunde Beschäftigung für die aktiven Hunde. Der ausgiebige Spaziergang und das Klettern sind gut für Hund und Besitzer und Sie entwickeln ganz nebenbei ein wunderbares Zusammengehörigkeitsgefühl.

Wenn Sie an weiteren Aktivitäten mit Ihrem Labrador Retriever interessiert sind, bietet sich zum Beispiel der Agility Sport an. Dies ist ein Mensch-und Hund-Geschicklichkeitsparcours, der sehr populär geworden ist. Der Hund durchläuft mit seinem Besitzer einen Parcours aus Kletter- und Sprungele-

> ### Wussten Sie schon?
> Welpen sollten regelmäßig Spielmöglichkeiten, auch im Kreise Ihrer Familie, bekommen. Der Spaziergang erfolgt für sehr junge Welpen noch in kleineren Etappen. Das Spiel kann „Hol"-Spiele mit einem Ball beinhalten, der groß und stabil sein muss, damit er nicht verschluckt oder zerbissen werden kann. Alle Welpen kauen gerne auf Gegenständen herum. Denken Sie daran, Regeln für das Spielen im Haus aufzustellen, bis er vollständig erzogen.

menten, durchquert Tunnel, läuft über Wippen und bewältigt noch eine Menge anderer Hindernisse, die seine Kondition und Flexibilität trainieren. Der Besitzer läuft dabei meistens neben dem Hund her, was eine gute Kondition erfordert. Der Agility-Sport hat in großen Vereinen seine eigenen Wettkämpfe und ist sowohl für den Teilnehmer als auch für den Zuschauer interessant.

Die einfachste Apportiermethode für Ihren Labrador Retriever ist das Holen von Gegenständen aus dem Wasser. Normalerweise wird er ungeduldig in das Wasser springen wollen.

Feldprüfungen und Jagdausbildungen sind ebensfalls bei Labrador Retriever-Besitzern sehr beliebt. Da der Labrador zu den Retriever-Rassen, den Apportierhunden, gehört, ist es nicht verwunderlich, dass er auch hier, vor allem im und am Wasser, eingesetzt wird. Diese Ausbildung fördert die eigentlichen Eigenschaften des Labrador Retrievers.

Das Apportieren

Wie bereits gesagt, liegt dem Labrador das Apportieren im Blut. In England, seiner Heimat, werden bei der Jagd für verschiedene Aufgaben auch verschiedene Hunde eingesetzt. Stöberhunde und

Wussten Sie schon?

Wenn Sie mit Ihrem Hund an einer Ausbildung in einem Hundeclub oder einer Hundeschule teilgenommen haben, dann ergibt sich oft die Möglichkeit, den Trainingsstand zu erweitern. Viele Vereine bieten sportliche Wettkämpfe und Prüfungen an, die Ihren Hund fordern und bei denen Sie sich der Konkurrenz anderer Hunde stellen können. Über bestandene Prüfungen und errungende Titel erhalten Sie eine Bestätigung.

Vorstehhunde zum Aufspüren von Wild und die verschiedenen Retrieverrassen zum Auffinden und Apportieren der geschossenen Tiere. Der Retriever arbeitet also als letzter und muss das Geschehen vorher ruhig und gelassen verfolgen. Nicht jeder Labrador-Besitzer kann oder will seinen Hund mit Wild arbeiten lassen. Aber das Apportieren kann man ihm trotzdem beibringen und es macht fast jedem Labrador Spaß. Richtiges Apportieren heißt nicht nur, vergnügt einem Ball oder Stöckchen nachzujagen, sondern einen Gegenstand auf Kommando aufzunehmen und ihn in die Hand des Besitzers abzugeben. Wer mit seinem Labrador gezielt in diese Richtung arbeiten will, sollte ihn bereits ab dem Welpenalter dahingehend fördern. Er muss immer gelobt werden, wenn er etwas bringt, egal was es ist. Möchte er etwas nehmen, das er nicht haben darf, wie beispielsweise eine tote Maus oder eine wertvolle Pflanze aus dem Garten, muss man ihm das verbieten, bevor er das Objekt aufgenommen hat. Das Bringen muss dagegen immer belobigt werden. Zum Apportieren eignen sich am besten spezielle Apportierdummys, die man in Zoofachgeschäften oder aber über die Retrieverclubs bekommt. Dummys gibt es in verschiedenen Größen und Gewichten. Für den Welpen verwendet man ein Welpendummy. Ab etwa sechs, sieben Monaten kann man dann allmählich auf ein Dummy von einem Pfund Gewicht übergehen. Dummys dürfen nicht einfach so herumliegen, sondern werden ganz gezielt zum Training eingesetzt und anschließend wieder weggeräumt. So bleibt das Interesse des Hundes an

dem Dummy bestehen und er kann nicht ständig auf ihnen herumbeißen.

Zeigen Sie dem Welpen den kleinen Dummy und lassen Sie ihn den Dummy ein wenig halten. Loben Sie ihn dafür ausgiebig. Auf das Kommando „Aus" nehmen Sie ihm den Dummy sanft und ohne Zwang wieder ab. Halten Sie ihn ein wenig am Halsband fest und werfen Sie den Dummy ein Stück weit weg. Wenn er nach vorne drängt, lassen Sie ihn los. Ist er beim Dummy angelangt und nimmt er ihn auf, loben Sie ihn und laufen ein Stück weg, um ihn zum Kommen zu animieren. Ist Ihr Labrador bei Ihnen angelangt, loben Sie ihn wieder und lassen Sie ihn den Dummy noch ein wenig im Maul halten. Falls Ihr Labrador den Dummy in seinen Korb tragen will, starten Sie die Übungen von dort aus

Labrador Retriever werden sehr erfolgreich als Blindenhunde eingesetzt.

und nehmen den Hund dort wieder in Empfang. Gut für Apportierübungen geeignet sind auch durch Zäune begrenzte Wege oder lange Flure. Mit zunehmendem Gehorsam können Sie einführen, dass sich der Hund zum Abgeben des Dummys vor Sie setzt.

Wenn ein Labrador richtig apportieren kann, gibt es großartige Übungen, die man ihm beibringen kann. Es wird dann mit mehreren Dummys und in unterschiedlichen Entfernungen gearbeitet. Der Hund muss sich vieles merken und lernt, auf Handzeichen eine bestimmte Richtung einzuschlagen, um einen ganz bestimmten Dummy zu bringen. Auch die Arbeit am Wasser gehört zum Apportiertraining. Es gibt Apportierwettbewerbe, sogenannte *Working Tests*. Entsprechende Ausbildungen bieten die

Auf diesem Bild sehen wir einen gelben Labrador Retriever, der als Blindenführhund im Institut *The Seeing Eye* in Moristown, NJ, USA ausgebildet wird.

Retrieverclubs an. Wie Sie sehen, wird Ihnen und Ihrem Labrador Retriever ganz bestimmt nicht langweilig werden.

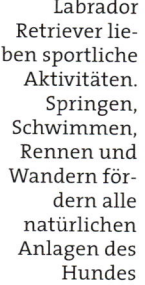

Labrador Retriever lieben sportliche Aktivitäten. Springen, Schwimmen, Rennen und Wandern fördern alle natürlichen Anlagen des Hundes

Die Gesundheit des Labrador Retrievers

Als Säugetiere haben Hunde oft die gleichen Krankheiten wie Menschen. Ebenso teilen Sie viele psychische Probleme. Weil man die menschlichen Krankheiten gewöhnlich intensiver erforscht hat, als die kynologische Seite, gibt dieses Kapitel in einer vertrauten Wortwahl Auskunft, die nicht notwendigerweise in jeder Tierarztpraxis benutzt wird. So verwenden wir etwa das Wort „Symptom", obwohl wir wissen, dass Hunde keine Symptome zeigen, sondern einen klinischen Befund aufweisen. Symptome sind die wörtliche Umschreibung des allgemeinen Befindens eines Patienten. Da Hunde aber nicht sprechen können, müssen wir die klinischen Anzeichen herausfinden. Wir benutzen dennoch in diesem Buch das Wort Sympton.

Als generelle Regel ist zu beachten, dass Medizin praktiziert wird. Dieses Wort ist nicht willkürlich gewählt. Die Medizin ist eine Kunst, bei der man ständig hinzu-

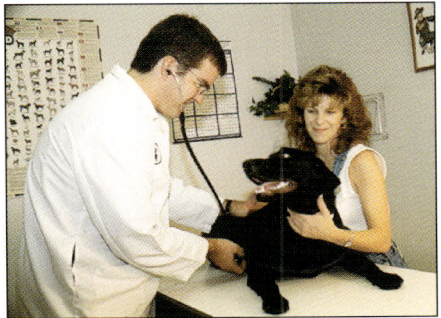

Ihr Tierarzt sollte auch der Freund Ihres Hundes sein, wann immer ein Besuch erforderlich wird.

lernt und seine Kenntnisse erweitert, da neue Forschungsergebnissen immer neue Möglichkeiten der Behandlung und Diagnostik eröffnen. Wir lernen ständig mehr über die Genetik und elektronische Hilfsmitteln werden neu erfunden oder verbessert. Es gibt viele Hundekrankheiten wie beispielsweise die HD, die nicht von allen Tierärzten in gleicher Weise behandelt werden. Manche raten viel früher zu einer Operation als andere.

Die Auswahl des Tierarztes

Die Wahl eines Tierarztes sollte nicht ausschließlich auf persönlicher Sympathie beruhen. Es ist wesentlich wichtiger, dass der Tierarzt kompetent und seine Praxis in Ihrer Nähe ist, falls Sie einen Notfall haben oder regelmäßige Besuche machen müssen. Sie sollten einen Tierarzt wählen, der eventuell eine Möglichkeit zur Unterbringung Ihres Hundes in seiner Praxis hat. Hier bietet sich auch

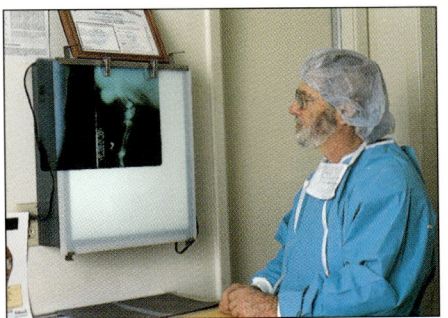

Der Tierarzt bei der Begutachtung eines Röntgenbildes. Sie sollten auch den Rat eines Tierarztes einholen, bevor Sie sich zum Kauf eines Labrador Retriever-Welpen entscheiden.

eine Tierklinik an. Hier können auch komplizierte Krankheiten behandelt werden. Häufig haben sie auch bessere diagnostische Mittel zur Verfügung. Es gibt nichts Ärgerlicheres, als einen Tag oder länger auf eine Antwort zu einem ärztlichen Befund zu warten. Alle zugelassenen Tierärzte sollten Ihre Zulassung in der Praxis aushängen haben. Viele Tierärzte haben sich spezialisiert. Es gibt Herzspezialisten (vet. Kardiologen), Hautspezialisten (vet. Dermatologen), Zahn- und Kieferspezialisten (vet. Dentisten), Augenspezialisten (vet. Ophthalmologen), Röntgenfachärzte (vet. Radiologen) und Chirurgen, die sich auf Knochen, Muskeln und andere Organe spezialisiert haben. Die meisten Tierärzte machen Routineoperationen wie das Nähen von Wunden selbst. Viele führen auch etwas größere Operationen, die

beispielsweise eine Kastration, in den eigenen Räumen durch.

Wenn Ihr Hund ein ernstes Problem hat, so ist es nicht unüblich, eine weitere fachärztliche Meinung einzuholen. Ebenso sollten Sie die Kosten zwischen den verschiedenen Tierärzten vergleichen. Eine seriöse Gesundheitsvor- und -nachsorge und tierärztlicher Service können sehr kostspielig sein. Zögern Sie nicht, die Kostenfrage mit dem Tierarzt oder einem Angehörigen seines Teams zu diskutieren. Es ist nicht unüblich, wenn in wichtige Entscheidungen auch die finanziellen Aspekte mit einfließen.

Vorbeugende Maßnahmen

Es ist einfacher, kostengünstiger und effektiver, wenn man bereits Vorsorgemaßnahmen in Bezug auf die Gesundheit trifft. Ordentlich gezüchtete Welpen

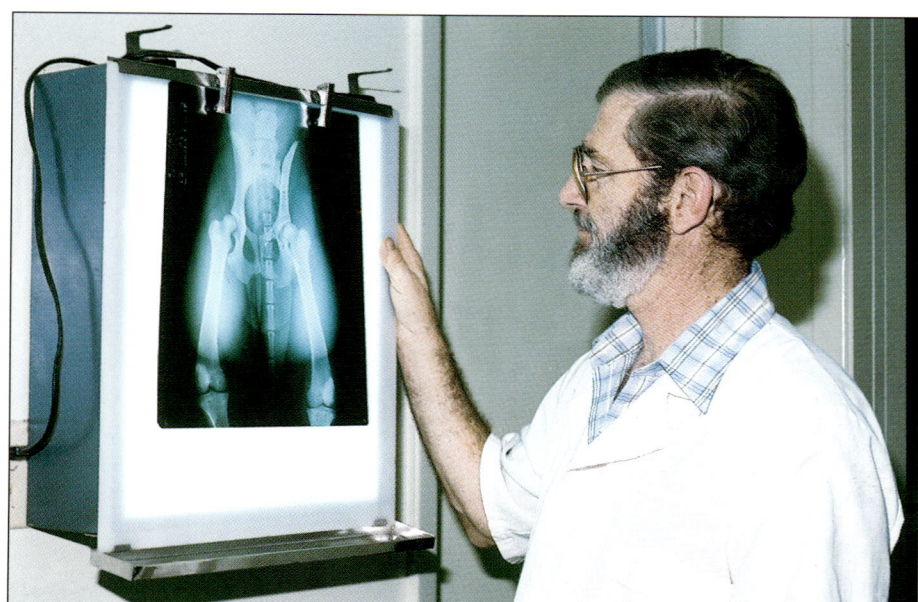

Alle Tierärzte haben gelernt, Röntgenbilder zu begutachten. Allerdings sind die Radiologen für die Auswertung besonders ausgebildet.

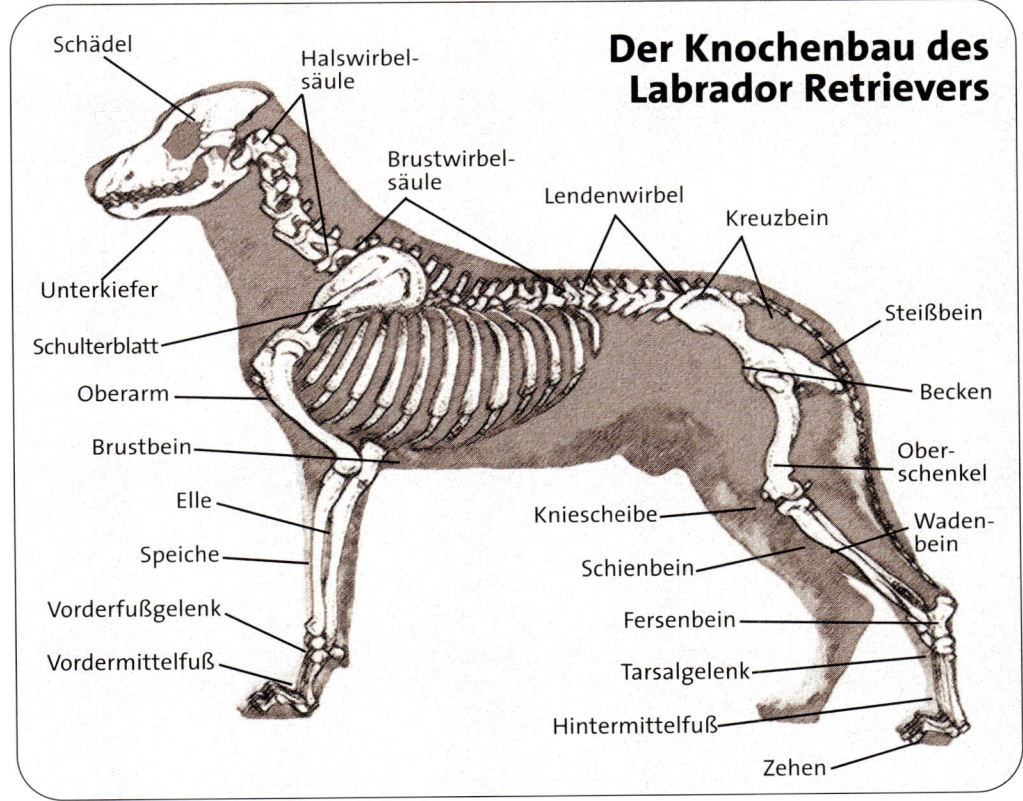

Der Knochenbau des Labrador Retrievers

Schädel

Halswirbelsäule

Brustwirbelsäule

Lendenwirbel

Kreuzbein

Steißbein

Unterkiefer

Schulterblatt

Oberarm

Brustbein

Elle

Speiche

Vorderfußgelenk

Vordermittelfuß

Knetscheibe

Schienbein

Fersenbein

Tarsalgelenk

Hintermittelfuß

Zehen

Becken

Oberschenkel

Wadenbein

stammen von gesunden Elterntieren. Die Auswahl sollte nach genetischen Kriterien getroffen werden. Die Hündin sollte regelmäßig geimpft und frei von Ektoparasiten, sowie in einem vorzüglichen Ernährungszustand sein. Vorsorglich sollten Sie sie Ihrem Tierarzt vorstellen. Durch die Muttermilch sind die Welpen erst einmal resistent gegen Krankheiten. Diese Resistenz dauert etwa acht bis zehn Wochen. Allerdings können dennoch Parasiten und Infektionen an die Welpen weitergegeben werden. Deshalb ist eine Vorsorgeuntersuchung beim Tierarzt notwendig.

Impfplan

Normalerweise werden Impfstoffe durch eine Injektion vom Tierarzt verabreicht. Das Datum sowie der verwendete Impfstoff werden im Impfpass des Hundes notiert, den Sie vom Tierarzt nach der ersten Impfung erhalten. Den nächsten Impftermin merken Sie am besten gleich vor. Ein Impfplan basiert auf einem vierwöchigen Rhythmus. Die erste Impfung muss der Welpe mit sechs bis acht Wochen noch beim Züchter erhalten. Eine Wiederholungsimpfung erfolgt, wenn der Welpe zehn bis zwölf Wochen alt ist. Die Impfungen sollten niemals in einem geringeren Abstand als 15 Tage vorgenommen werden, da sich die Wirkung des Mittels sonst aufheben könnte. Die meisten Impfungen sind gegen Virusinfektionen. Gewöhnlich enthalten Impfstoffe Immunstoffe verschiedener Viren, wie beispielsweise gegen Staupe, Parvovirose, Leptospirose und Hepatitis. Muss eine Impfung aus Risikogründen schnell erfolgen, so gibt es auch hier verschiedene Möglichkeiten. Sie sollten sich immer fachlichen Rat bei Ihrem Tierarzt einholen. Dies trifft besonders für die Auffrischungsimpfung zu, die jährlich durchgeführt werden. Dabei findet die erste Wiederholungsimpfung statt, wenn der Welpe ein Jahr alt ist. Bestimmte Umstände können auch eine häufigere Immunisierung erforderlich machen. Gegen den Zwingerhusten gibt es in den USA bereits einen Impfstoff, der in die Nasenlöcher gesprüht wird.

Von der Entwöhnung bis zum fünften Monat

Welpen sollten bis zu einem Alter von sechs Wochen von der Hündin gesäugt werden und dann bis zur achten Woche entwöhnt werden. Ein Welpe, der die

Impfungen sind äußerst wichtig, da Infektionskrankheiten leicht von Hund zu Hund übertragen werden.

ersten zwölf Wochen bei seiner Mutter und den Geschwistern verbringt, ist normalerweise sehr gut sozialisiert. Damit ist er auf das Zusammenleben in seiner neuen Familie gut vorbereitet. In jedem Fall sollten Sie Ihren Welpen nach der Übernahme vom Züchter möglichst bald Ihrem Tierarzt vorstellen. Er wird die Zähne des Welpen kontrollieren, sich seinen Knochenbau ansehen und eine umfang-

Plan für Gesundheitscheck

Alter in Wochen	3.	6.	8.	10.	12.	14.	16.	20–24.
Entwurmung	✔	✔	✔	✔	✔	✔	✔	✔
Parvovirose-Impfung		✔		✔				
Staupe-Impfung			✔		✔			
Hepatitis-Impfung			✔		✔			
Leptospirose-Impfung			✔		✔			
Parainfluenza			✔		✔			
Zahnkontrolle			✔					✔
Grunduntersuchung			✔					✔
Wesenstest			✔					
Zwingerhusten					✔			
Tollwut					✔		✔	

Impfungen wirken oft nicht sofort. Es bedarf einige Zeit, bis der Körper des Hundes reagiert. Impfstoffe können durch Überschneidungen unwirksam werden. Auf jeden Fall fragen Sie Ihren Tierarzt.

reiche Grunduntersuchung vornehmen. Manche Welpen haben Probleme mit der Kniescheibe, mit dem Grauen Star oder anderen Augenproblemen. Es könnten auch anormale Herzgeräusche auftreten, vielleicht sind die Hoden nicht vollständig ausgebildet oder noch nicht in den Hodensack abgesunken. Manchmal haben Sie auch schon Verhaltensauffälligkeiten bei Ihrem Welpen entdeckt, auf die ein Tierarzt eingehen muss. Abschließend wird er einen weitergehenden Impf- und Entwurmungsplan aufstellen. Spätestens in seiner sechzehnten Lebenswoche sollte Ihr Welpe alle Impfungen erhalten haben. Die Grundimmunisierung ist somit abgeschlossen, der Impfschutz vollständig.

Achten Sie darauf!

Die Vorsorge für die Welpen beginnt bereits vor deren Geburt mit der Gesunderhaltung der Hündin. Wenn der Welpe zwei Wochen alt ist, beginnt sein eigenes Vorsorgeprogramm. Zuerst erfolgt die Entwurmung. Die meisten Welpen haben Würmer, obwohl die Mutter entwurmt wurde. Wurmlarven befinden sich im Ruhestadium in der Muskulatur der Hündin und werden durch die Schwangerschaftshormone freigesetzt und so übertragen. Wenn nun die Welpen rechtzeitig entwurmt werden, kann der Entwicklungskreislauf unterbrochen werden und auch die Welpen werden wurmfrei sein.

Fünf Monate bis zu einem Jahr

Im Alter von fünf Monaten sollte Ihr Welpe alle Impfungen erhalten haben. Ab einem Alter von einem Jahr können die Hüften auf Hüftgelenksdysplasie untersucht werden. Zur Erstellung des Befundes müssen diese geröntgt wer-

Die Veranlagung zur HD wird von den Eltern vererbt.

den, was eine Vollnarkose Ihres Hundes erfordert. Sollten Sie Ihren Hund mit ins Ausland nehmen wollen, wo besondere Impfvorschriften gelten, so kann jetzt über das Blut die Antikörper-Konzentration (Titer) festgestellt werden. Hierbei zeigt sich, ob der Körper genügend Antikörper gegen die jeweiligen Krankheitserreger gebildet hat.

Labrador Retriever ab einem Jahr

Sollten Sie mit Ihrem Labrador Retriever keine Ausstellungen besuchen oder züchten wollen, dann stellt sich spätestens jetzt die Frage einer Kastration. Für die Kastration einer Hündin ist die Zeit nach der dritten Hitze am besten geeignet. Im Allgemeinen wird diese in Deutschland nur vorgenommen, wenn gesundheitliche Aspekte diese notwendig machen. So schreibt es auch das Tierschutz-Gesetz vor. In anderen Ländern ist es vollkommen normal, dass Hunde kastriert werden, wenn sie als Familienhund gehalten werden.

Wussten Sie schon?

Seitdem die Preise für einen Labrador Retriever-Welpen mehr und mehr gestiegen sind, ist auch die Wahrscheinlichkeit, dass ein Welpe gestohlen wird, größer geworden. Es gibt zwei sichere Möglichkeiten zur Identifizierung. Zum einen werden die Welpen beim Züchter tätowiert, zum anderen besteht die Möglichkeit, dem Welpen einen Mikrochip zu implantieren.

Der Mikrochip wird direkt unter die Haut des Welpen implantiert. Die Identifizierung erfolgt durch einen Scanner, der mittlerweile in den meisten Tierarztpraxen und Tierheimen zur Verfügung steht. Dies ist natürlich kein Schutz vor Diebstahl, aber sollte Ihr Welpe weglaufen, so wird durch seine schnelle Identifizierung die Rückgabe wesentlich erleichtert.

In Deutschland wird die Tätowierung im rechten Innenohr bevorzugt. Rassehunde-Klubs nehmen diese Tätowierung meist bei der Wurfabnahme vor. Die Tätowiernummer enthält die gesamte oder einzelne Ziffern der Registriernummer, unter der der Hund in das Zuchtbuch eingetragen wird. Man kann die Tätowierung auch durch den Tierarzt vornehmen lassen, der die Telefonnummer oder aber eine Zählnummer des TASSO Haustierregisters in das Ohr tätowiert.

Versäumen Sie nicht die regelmäßigen Tierarztbesuche mit Ihrem Labrador Retriever. Es ist ratsam, mindestens einmal im Jahr einen allgemeinen Gesund-

Achten Sie drauf!

Schon beim Welpen ist die Zahnpflege unerlässlich. Sie sollten das Gebiss Ihres Welpen regelmäßig von Ihrem Tierarzt kontrollieren und Zahnstein entfernen lassen. Falls Zahnstellungskorrekturen vorgenommen werden müssen, wird Sie Ihr Tierarzt hierzu beraten und gegebenenfalls in eine Tierzahnklinik verweisen.

Wenn Sie Ihren Labrador Retriever gesund ernähren, wird er im Normalfall keine Probleme mit den Zähnen haben. Zahnreinigendes Kauspielzeug sollte zur Standardausstattung des Hundes gehören. So erhalten Sie seine Zähne gesund und ganz nebenbei ist auch seinen Atem angenehmer.

Die Mehrheit der Hunde ab drei Jahren leidet an Krankheiten des Zahnfleisches durch eine mangelhafte Pflege ihrer Zähne. Nutzen Sie die verschiedenen im Fachhandel angebotenen Möglichkeiten zur effektiven Beseitigung von Zahnbelag und zur Vorbeugung vor Karies.

Gewöhnen Sie Ihren Welpen von Anfang an an regelmäßige Zahnkontrollen. Auch Sie müssen regelmäßig den Fang des Welpen inspizieren, nicht nur Ihr Tierarzt!

Zahnfleischerkrankungen können vermieden werden, wenn Sie die regelmäßige Kontrolle nicht versäumen und Ihren Hund richtig ernähren.

Labrador Retriever ab sieben Jahren

Wenn Ihr Labrador Retriever älter wird, dann sollten Sie beachten, dass sich sein Stoffwechsel auf die Erfordernisse im Alter einstellen muss. Seine Augen werden an Sehkraft verlieren, sein Hörvermögen wird nachlassen. Auch die Funktionen von Leber, Niere und Blase sind in ihrer Funktion eingeschränkt. Hier muss eine Ernährungsumstellung auf ein altersgerechtes Futter erfolgen. Tierärztliche Vorsorge kann Ihrem Labrador Retriever das Älterwerden erleichtern.

Vererbbare Hautprobleme

Viele Hautprobleme sind vererbbar und manche von Ihnen sind unheilbar. Die Akrodermatitis wird beispielsweise von beiden Elternteilen vererbt. Obwohl sich die Krankheit bei den Elterntieren nicht zeigt, können sie dennoch Träger dieser rezessiven Gene sein. Die Akrodermatitis ist nur ein Beispiel, wie schwierig es ist, eine Krankheit aus der Zucht zu eliminieren. Die Gefahr der Vererbung ist sehr hoch. Betroffene Welpen erreichen höchstens ein Alter von zwei Jahren, wenn sie von dieser Krankheit befallen werden.

Ein guter Züchter gibt Ihnen über das Wesen seiner Welpen gerne Auskunft.

heitstest durchführen zu lassen. Gibt es keine Probleme ist ein Tierarztbesuch nur zu den notwendigen Impfterminen erforderlich.

Andere vererbbare Hautkrankheiten haben einen anderen Krankheitsverlauf und ihre Behandlung ist erfolgversprechender. Alle Hautkrankheiten müssen von einem Tierarzt diagnostiziert und behandelt werden. Es gibt mittlerweile viele Arzneimittel, die in Zusammenarbeit mit der Pharmaindustrie und Tierärzten erarbeitet wurden und sehr erfolgreich eingesetzt werden.

Insektenstiche
Viele von uns reagieren allergisch auf Insektenstiche. Der Stich juckt, wird dick und kann sich entzünden. Auch Hunde

Wussten Sie schon?
Welpen von Elterntieren, welche beide die Akrodermatitis rezessiv tragen (Genotyp Aa), sind zu 25% gefährdet, an diesem tödlichen Hautleiden zu erkranken.

AA = gesund
Aa = gesund (aber Träger)
aa = krank

Die Hündin hat das Gen Aa und der Rüde ebenfalls das Gen Aa. Dies birgt die Wahrscheinlichkeit von 1:4, dass ein Welpe die fatale Genkombination aa geerbt hat.

Hündin

	A	a	♀
A	AA	Aa	
a	Aa	aa	
♂			

(Rüde)

Was wissen Sie über Hüftgelenksdysplasie (HD)?
Die Hüftgelenksdysplasie ist eine Entwicklungsanomalie, die relativ häufig bei Hunden festzustellen ist. Bei betroffenen Hunden ist das Hüftgelenk ein- oder beidseitig deformiert. Durch die Belastung nutzt sich das Gelenk bis zu einem Punkt ab, an dem es zu Arthritis kommt. Eine Hüftgelenksdysplasie kann nur anhand von Röntgenaufnahmen festgestellt werden, jedoch können bestimmte Symptome Hinweise auf die Krankheit geben. Dazu gehören eine eigentümliche Art der Bewegung, anstatt fließend zu rennen hüpft er oder benutzt beide Hinterbeine im Einklang, um den Druck auf das schwache Gelenk zu vermindern, er hat Probleme beim Aufstehen und schiebt beim Sitzen stets beide Hinterbeine zu einer Körperseite.

Die Hüftgelenksdysplasie ist eine erblich bedingte Erscheinung, die gewöhnlich im Alter zwischen drei und neun Monaten diagnostiziert werden kann. Einige Spezialisten sagen, dass eine besondere Diät dem Welpen dabei helfen kann, der Hüftgelenksdysplasie zu entwachsen, jedoch ist in den meisten Fällen ein chirurgischer Eingriff nötig. Dabei werden der Kammmuskel und der runde Kopfteil des Oberschenkelknochens entfernt, das Becken rekonstruiert und die Hüfte durch eine künstliche ersetzt. All diese chirurgischen Maßnahmen kosten viel Geld, jedoch sind diese Eingriffe dafür auch sehr erfolgreich. Richten Sie sich also in jedem Fall nach den Empfehlungen Ihres Tierarztes.

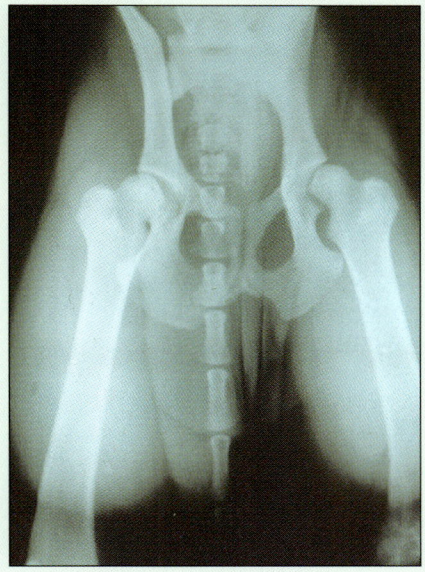

Wenn Sie die beiden Hüftgelenke links vergleichen, dann sehen Sie den Unterschied
in der Ausbildung der Hüftknochen. HD ist
eine schlechte Lagerung des Hüftgelenks
in der Hüftpfanne, die mit fortschreiten-
dem Alter zu weiterer Verschlechterung
führt. Leider ist das HD-Problem beim Labrador Retriever sehr verbreitet.

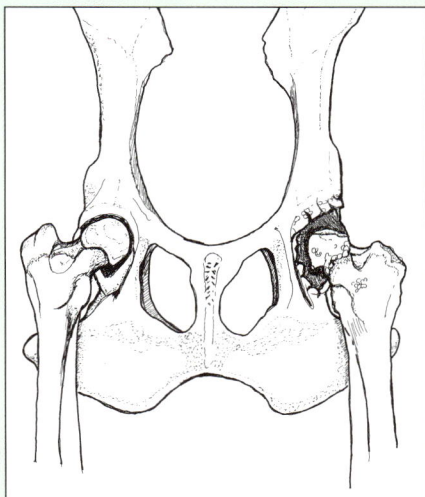

Skizze oben, links ein krankes Hüftgelenk
mit starker Deformation, rechts ein korrekt
in der Gelenkpfanne liegender Hüftknochen.

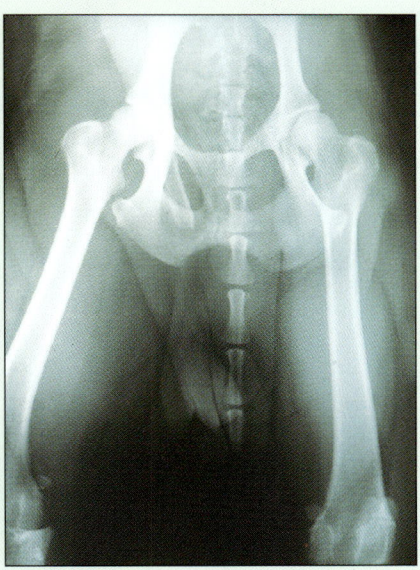

Der korrekte HD-Befund kann nur über ein
Röntgenbild festgestellt werden. Beim Labrador Retriever manifestiert sich die HD im
Alter zwischen vier und neun Monaten, der
sogenannten schnellen Wachstumsperiode.

zeigen diese Reaktion. Während Sie die Möglichkeit haben, nach der Mücke zu schlagen, hat der Hund nur die Möglichkeit, sich zu schütteln, zu beißen oder zu kratzen. Wenn der Hund sich wegen

Allergien können auch durch das Futter hervorgerufen werden.

eines Bisses kratzt, dann hat der Floh oft schon in die nächste Stelle gebissen. Außerdem legt er seine Eier ab, die ein weiteres Problem hervorrufen. Durch die Eiablage wird ein Kreislauf in Gang gesetzt, den der Mensch nur durch Behandlung mit medizinischen Mitteln unterbrechen kann. Es gibt gute Medikamente, die bei regelmäßiger Anwendung die Parasitenfreiheit des Hundes garantieren. Auch dazu befragen Sie am besten Ihren Tierarzt.

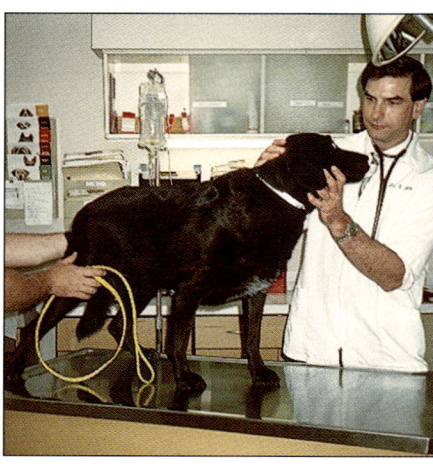

Futterallergien

Hunde reagieren auf viele Futtersorten allergisch, obwohl diese als „Bestseller" in den Regalen angeboten werden und nach strengen medizinischen Maßstäben hergestellt wurden. Durch einen Futterwechsel wird meist das Problem nicht gelöst, da in der neuen Sorte oft dieselben Inhaltsstoffe, auf die der Hund bereits allergisch reagiert hat, enthalten sind. Eine Futtermittelallergie zu ergründen ist deshalb sehr schwierig. Nur ein Ausschlussverfahren bei gleichzeitig ausgewogener Ernährung kann zeigen, auf welche Inhaltsstoffe Ihr Hund allergisch reagiert. Während der Mensch bei einer Lebensmittelallergie meist einen Ausschlag bekommt, zeigt sich die Futtermittelallergie bei Hunden durch Juckreiz. Der Hund kratzt und beißt sich. Dies macht die Diagnose schwierig, da die Symptome auch auf einen Parasitenbefall oder Insektenstich hinweisen können. Pollen- und Insektenallergien sind in der Regel saisonal eingeschränkt, während Futtermittelallergien das ganze Jahr hindurch auftreten können.

Die Behandlung von Futterallergien

Die Behandlung von Futtermittelallergien ist möglich. Wie schon erwähnt, beruht sie auf einem Ausschlussverfah-

Achten Sie darauf!
Auch Hunde können, ähnlich wie Menschen, unter Allergien leiden. Sollten Sie etwas bemerken, dann müssen Sie mit Ihrem Tierarzt über die Behandlungsmöglichkeiten sprechen.

Wussten Sie schon?

Welpen vertragen die Muttermilch ausgezeichnet, können Kuhmilch aber nicht verdauen, weil die Bestandteile einfach nicht artgerecht für einen Hund sind. Falsche Ernährung kann zu Gewichtsverlust, Durchfall und Bauchschmerzen führen. Dies sind nur die äußeren Merkmale. Es ist schwierig, die eigentliche Ursache der Unverträglichkeit festzustellen.

standteile. Versuchen Sie es deshalb besser mit einem anderen Futter. Hier bieten sich Lamm, Kaninchenfleisch, Geflügel oder einfach Gemüse an. Füttern Sie dem Hund diese Diät etwa einen Monat lang. Wenn sich sein Zustand verbessert hat, bestehen gute Chance, dass Sie den Allergieauslöser gefunden haben. Anderenfalls müssen Sie fortfahren die Diät zu variieren. Es muss Stück für Stück ein Komplettfutter zusammengestellt werden, welches den Ernährungsansprüchen des Hundes auf Dauer genügt. Immer, wenn Sie einen neuen Inhaltsstoff hinzufügen, sollten Sie diese Kombination erst eine Weile lang füttern und die Reaktion Ihres Hundes abwarten, bevor Sie neue Inhaltsstoffe hinzugeben.

ren. Sie sollten Ihrem Hund ein Futter geben, das er noch nie bekommen hat. Beginnen Sie mit einem Futter, dessen Inhaltsstoffe nicht in der aktuellen Sorte enthalten sind. Rindfleisch und Fisch sind keine ungewöhnlichen Futterbe-

Krankheit	Art	Ursache	Symptome
Leptospirose	schwere Krankheit, die die inneren Organe angreift; kann auf Menschen übertragen werden	Bakterien, die häufig von Nagetieren verbreitet werden, sich durch die Schleimhäute im Körper verbreiten	Fieber, Erbrechen und Appetitverlust, in weniger schweren Fällen; bis zum Schock, unheilbarem Nierenversagen und möglicherweise Tod in besonders schweren Fällen
Tollwut	potentiell tödliches Virus, das für warmblütige Säugetiere infektiös ist	eine Bakterie, die oft von Nagetieren übertragen wird, ebenfalls durch die Schleimhäute eindringt und sich schnell im ganzen Körper verteilt	1. Stadium: Verhaltensänderung, Angst 2. Stadium: gesteigerte Aggressivtät 3. Stadium: Koordinationsverlust und Verlust der Kontrolle über die Körperfunktionen
Parvovirose	hochansteckendes Virus, potentiell tödlich	Aufnahme des Virus, das vor allem durch den Kot infizierter Hunde verbreitet wird	im allgemeinen schwere Durchfälle, Erbrechen, Müdigkeit, Appetitlosigkeit
Zwingerhusten	ansteckende Atemwegsinfektion	Kombination von Bakterien und Viren. Häufig kommen *Bordetella bronchiseptica* und das Parainfluenza-Virus vor.	chronischer Husten
Staupe	Krankheit, die hauptsächlich das Atemwegs- und Nervensystem angreift	ein Virus, das mit dem menschlichen Masernvirus verwandt ist	leichte Symptome wie Fieber, Appetitlosigkeit und Schleimausscheidung steigern sich bis hin zu Ausfällen des Gehirns.
Hepatitis	ein Virus, das hauptsächlich die Leber angreift	ein Caninus adeno-Virus Typ 1 (CAV 1), wird durch Einatmen aufgenommen	schwächere Symptome sind beispielsweise Durchfall und Erbrechen, schwerere Symptome sind beispielsweise Virusklumpen in den Augen
Coronavirus	ein Virus, das Verdauungsprobleme hervorruft	Virus wird durch den Kot infizierter Hunde verbreitet	Magenverstimmung gekennzeichnet durch Appetitverlust, Erbrechen und Durchfall

Äußere Parasiten (Ektoparasiten)

Von allen Problemen, zu denen Hunde neigen, ist wohl keines besser bekannt und frustrierender als das Flohproblem. Ein Flohbefall ist zwar relativ einfach zu behandeln, dafür um so schwieriger zu verhindern. Parasiten, die im Inneren eines Hundes ihr Unwesen treiben, sind schwieriger zu behandeln, dafür aber einfacher zu kontrollieren.

Flöhe

Es ist möglich, Flohbefälle zu kontrollieren, jedoch müssen Sie dazu den Lebenszyklus des Flohs verstehen. Gewöhnlich sind Flöhe ein im Sommer auftretendes Problem, aber da sich Flöhe in unseren zentralbeheizten Räumen inzwischen das ganze Jahr wohlfühlen, haben wir auch das ganze Jahr mit ihnen zu kämpfen. Eine effektive Beseitigung bezieht auch das Umfeld mit ein. Es gibt leider kein einziges Mittel gegen Flöhe, das stets und überall mit gleich gutem Erfolg eingesetzt werden kann. Für eine effektive Flohkontrolle muss die Behandlung gezielt jedes Stadium des Lebenszyklus des Flohs bekämpfen.

Entwicklungsstadien des Flohs

Während seines Lebens durchläuft der Floh vier Stadien: Ei, Larve, Puppe und adulter Floh. Um die Eier, Puppen oder Larven zu erkennen, brauchen Sie ein Mikroskop. Flöhe verbringen ihr ganzes Leben auf einem Hund, wenn sie nicht gewaltsam durch Bürsten, Baden, Kratzen oder Beißen entfernt werden. Der Hundefloh heißt wissenschaftlich *Ctenocephalides canis*, der Katzenfloh heißt *Ctenocephalides felis*. Verschiedene Floh-

Das Bild eines Hundeflohs, Ctenocephalides canis, unter dem Elektronenmikroskop.

arten können Hunde und Katzen gleichermaßen befallen. Flöhe legen ihre Eier auf dem Hund ab. Die Eier fallen ab, sobald sie getrocknet sind (bei der Ablage sind sie noch leicht feucht und haften so gut am Fell des Hundes). Sie sind der Grundstock für künftige Flohplagen. Wenn Ihr Hund einmal einige Flöhe herunterkratzt, warten sie auf ihr nächstes Opfer – einen Hund oder auch einen Menschen! Sie haben richtig gehört, Hundeflöhe befallen auch Menschen. Gerade deshalb ist es so wichtig, dass Sie einen Flohbefall ernst nehmen. Die Bekämpfung muss gleichzeitig die Flöhe

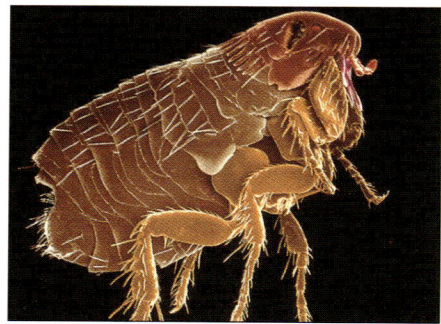

treffen, die sich auf Ihrem Hund befinden, und die, die sich in der Wohnung und den Lieblingsplätzen Ihres Hundes befinden. Sie sind das Problem so lange nicht los, solange Sie nicht alle Flöhe, Eier, Larven und Puppen beseitigt haben!

Entflohen Sie Ihr Zuhause

Sauberkeit ist der Schlüssel zum Erfolg. Wenn Sie eine Katze besitzen, ist die Bekämpfung noch schwieriger, da die meisten Hundeflöhe eigentlich Katzenflöhe sind und Katzen in Bereiche hochklettern, die der Hund nicht erreichen

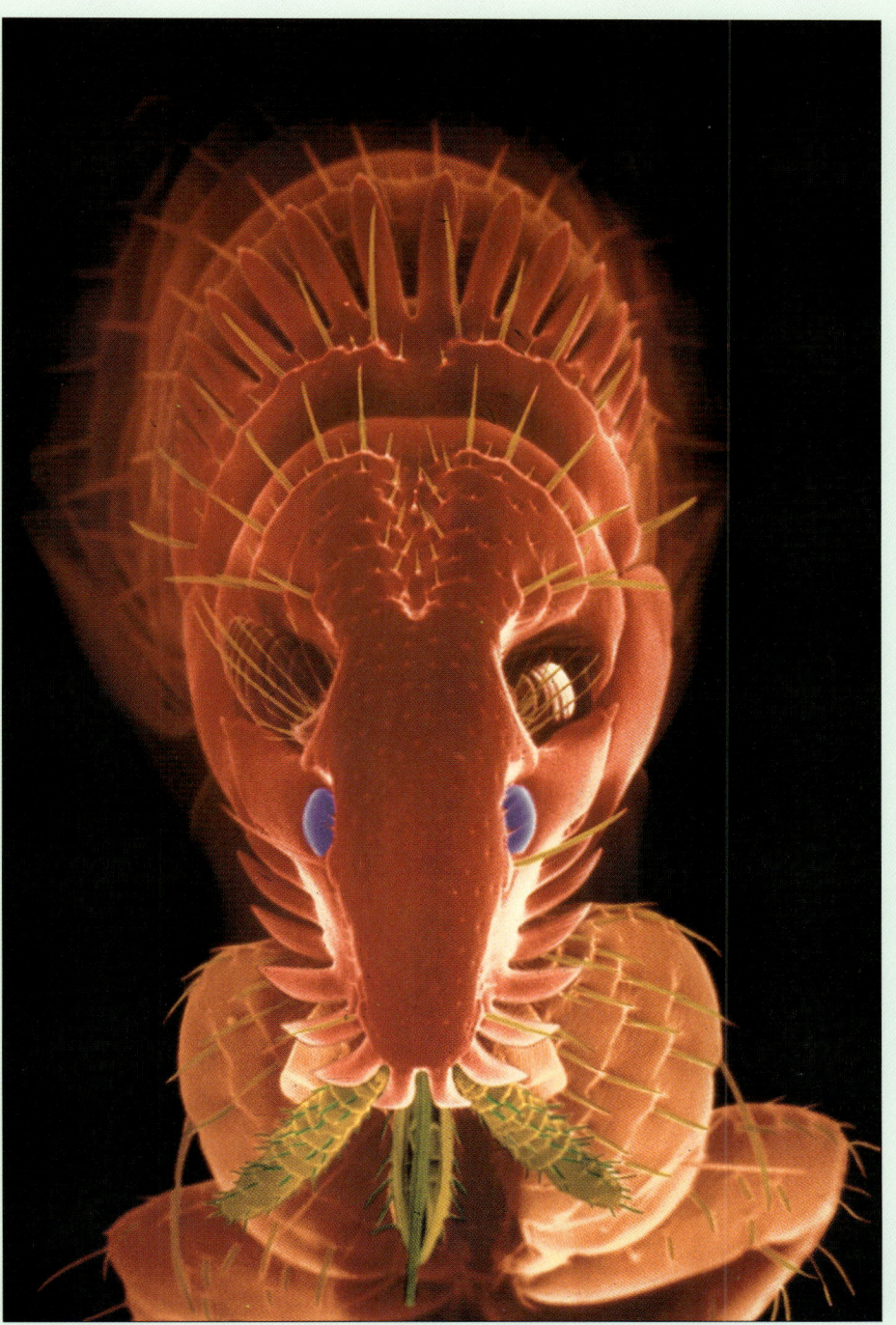

Diese elektro-
nenmikrosko-
pische Auf-
nahme eines
Flohs, *Ctenoce-
phalides*, wurde
zur übersichtli-
cheren Darstel-
lung eingefärbt.

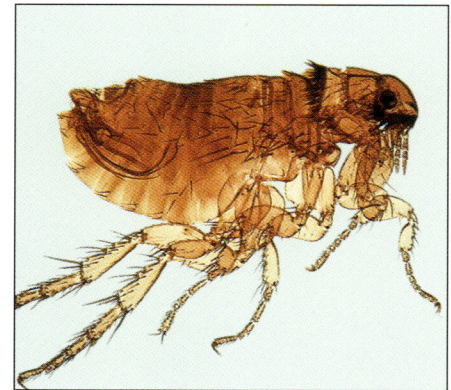

Ein männlicher Hundefloh, *Cteno-cephalides canis*, etwa 50-fach vergrößert.

kann (beispielsweise Fensterbänke und Tische) und die Sie zusätzlich reinigen müssen. Wischen Sie Böden (Fliesen, Linoleum, Laminat, Dielen oder Parkett) regelmäßig auf, denn alle heruntergefallenen Essensreste sind Nahrung für die Flohlarven! Saugen Sie den Teppichboden und Ihre Polstermöbel mehrmals täglich. Vergessen Sie dabei nicht, auch die Kissen und unter den Möbel zu saugen. Versuche haben gezeigt, dass normale Bodenstaubsauger nur etwa zwanzig Prozent der Larven und fünfzig Prozent der Eier wirklich aufsaugen. Die Staubsaugerbeutel sollten Sie nach dem

Hier zu sehen, etwa 100-fach vergrößerte Floheier.

Ein männlicher Katzenfloh, *Cte-nocephalides felis*. Diese Flohart wird mehr und mehr auch bei Hunden beobachtet.

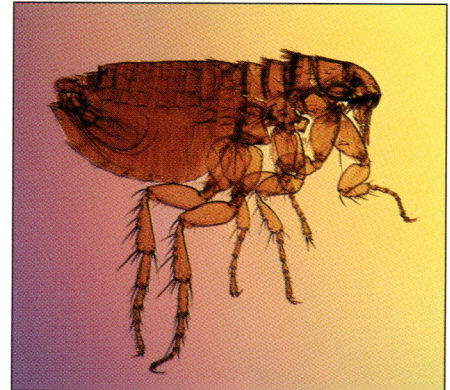

Der Lebenszyklus des Flohs

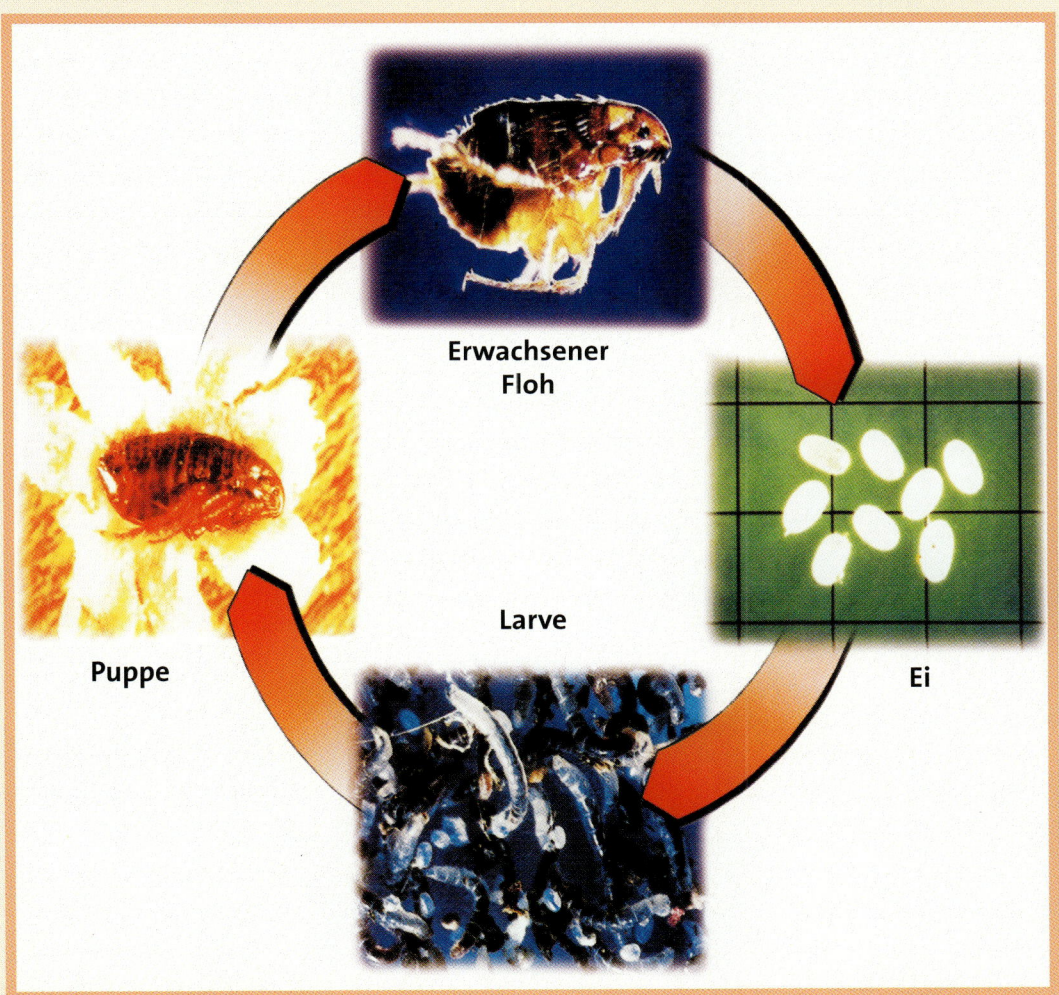

Erwachsener
Floh

Puppe

Larve

Ei

Diese Aufnahme zeigt das seltene Bild eines hüpfenden Flohs im Hundefell.

Saugen in einem verschließbaren Plastikbeutel entsorgen und den Staubsauger gründlich reinigen. Behandeln Sie auch Ihren Garten gegebenenfalls mit einem speziellen Antiflohmittel.

Flöhe können Hunde auch im Freien befallen.

Eine wirklich gelungene Aufnahme des Kopfes eines Hundeflohs, *Ctenocephalides canis.*

Für Ihre Wohnung kann Ihnen Ihr Tierarzt sicher ein Spray empfehlen, das Sie sehr gewissenhaft nur nach Anleitung einsetzen dürfen.
Es gibt eine Vielzahl von Antiflohmitteln für den Hund selbst, die Sie nur nach Absprache mit Ihrem Tierarzt verwenden sollten.

Ivermectin wird häufig als Wundermittel bezeichnet. Es bekämpft viele Ekto- und Endoparasiten wirksam, darunter Herzwürmer, Spulwürmer, Bandwürmer, Hakenwürmer, Zecken und Milben, ist aber in Deutschland für die Anwendung am Hund noch nicht zugelassen. Tierärzte stehen dem Mittel teils skeptisch

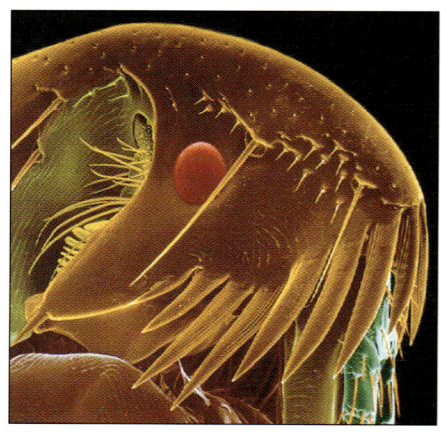

gegenüber, da es sehr stark wirkt und bei einigen Hunderassen zu Todesfällen geführt hat.

Das Umfeld muss entfloht werden

Es genügt nicht, wenn Sie nur Ihre Wohnung mit dem Staubsauger, dem Mop und Anti-Floh-Mitteln reinigen, Sie müssen zumindest noch den Garten von den Flöhen befreien. Wenn Sie dabei Insektizide versprühen, achten Sie darauf, dass Sie keine anderen Insekten und Tiere vergiften. Halten Sie die Mittel fern von Ihrem Gartenteich. Wählen Sie auch für draußen ein Mittel, das Ihrem Hund nicht gefährlich werden kann, zur Sicherheit lassen Sie Ihren Hund nach der Behandlung nicht sofort in den Garten.

Zecken und Milben

Obwohl nicht so häufig wie Flöhe, gibt es Zecken und Milben überall auf der Welt in den tropischen und gemäßigten Klimazonen. Auch sie ernähren sich vom Blut ihrer Opfer, beißen diese aber nicht, sondern bohren sich mit ihren scharfen Mundwerkzeugen in ihre Haut. Sie ernähren sich ausschließlich von Blut und injizieren ihren Speichel in die Bisswunde, um das Blut am Gerinnen zu hindern. Zecken und Milben sind Überträger einer Reihe von sehr unangenehmen Erkrankungen, die teilweise sogar tödlich verlaufen können, beispielsweise das Zeckenfieber.

Der Lebensraum von Milben ist dem der Flöhe ähnlich, sie bevorzugen kleinste Risse und Spalten in Wänden. Diese Parasiten können Sie mit den gleichen Mitteln wie Flöhe bekämpfen.

Die Hundezecke *Dermacentor variabilis* ist weltweit am häufigsten zu finden, besonders im feuchtwarmen Klima. Die meisten Hundezecken haben eine

Menschenläuse sehen aus wie Hundeläuse, da sie nahe Verwandte sind.

Einen Hund auf Dauer flohfrei zu halten, ist kaum möglich.

Lebenserwartung zwischen einer Woche und sechs Monaten, was ganz von den herrschenden Klimabedingungen abhängt. Sie können weder springen noch fliegen, sondern krabbeln herum und können beim Angriff auf einen schlafenden und nichts Böses ahnenden Hund Strecken von bis zu fünf Metern zurücklegen.

113

Die Hunde-
zecke *Der-*
macentor
variablis ist
möglicher-
weise die
häufigste
Zecke auf
dem Hund.

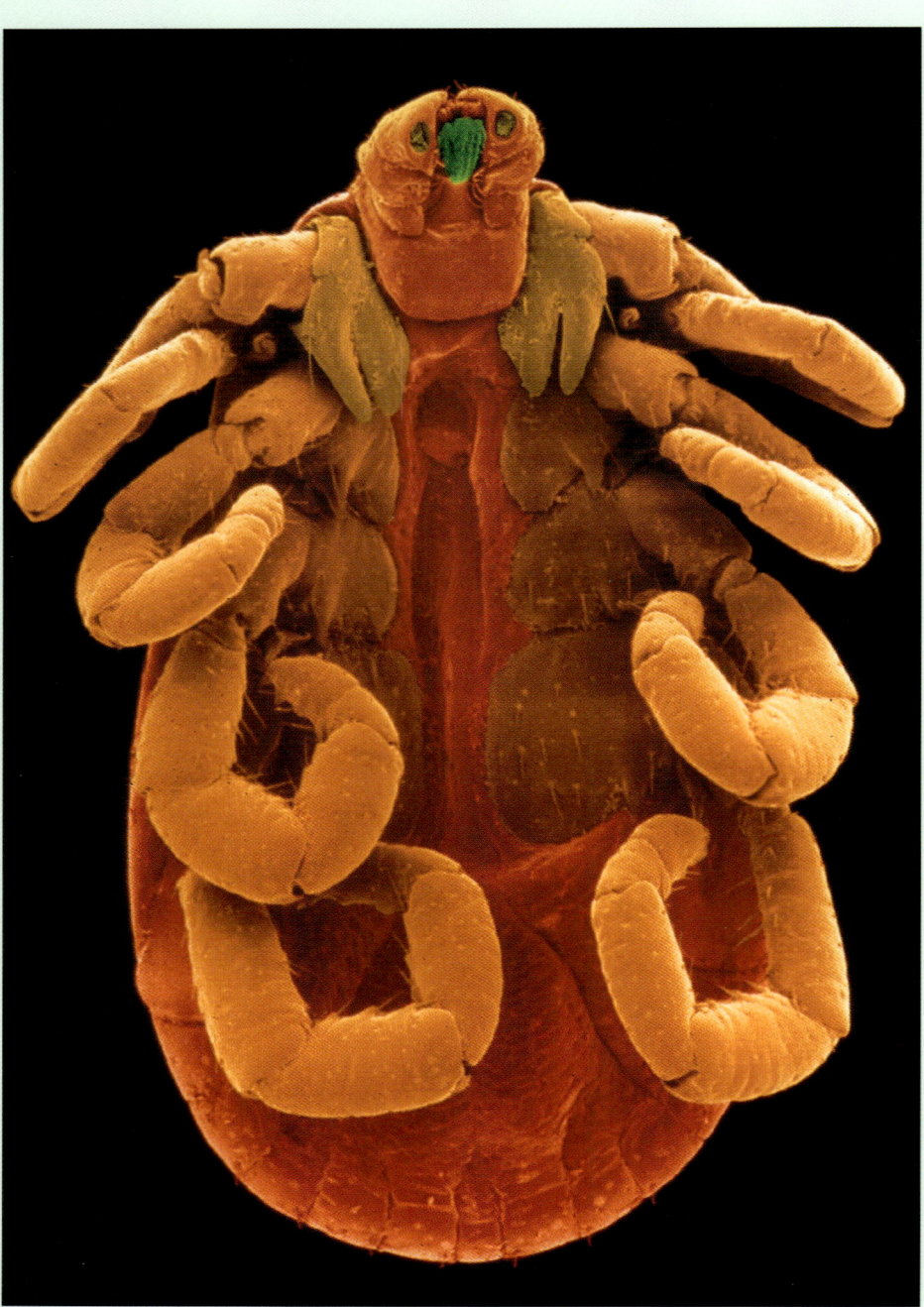

Räude

Milben verursachen Hautreizungen, die sämtlich als Räude bezeichnet werden. Einige Milbenarten können übertragen werden wie die Ohrmilben, *Sarkoptes*-Milben oder *Cheyletiella*-Milben. Die demodikotische Räude geht mit einem Befall durch Demodex-Milben einher, sie ist nicht von Hund zu Hund übertragbar. Welpen infizieren sich bei der Geburt durch die Muttermilch.

Der Kopf der - Hundezecke Dermacentor variablis.

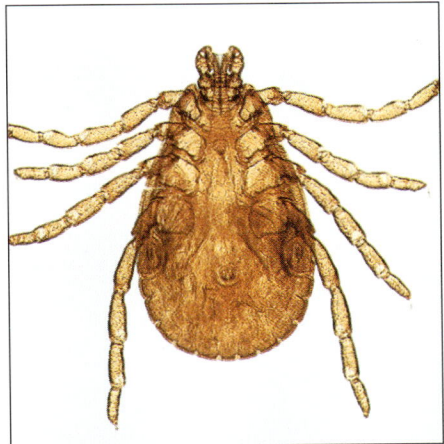

Die braune Hundezecke, *Rhipicephalus sanguineus,* ist selten, jedoch wurde sie schon auf Hunden gefunden.

Wie bei den meisten Ektoparasiten stellt der Milbenbefall an sich nicht das größte Problem für die Gesundheit des Hundes dar. Die Parasiten sind zwar lästig, die eigentliche Gefahr geht aber von Sekundärinfektionen aus. Durch das ständige Kratzen kommt es – unbehandelt – zu offenen Wunden, die bakteriellen Krankheitserregern das Eindringen in den Organismus des Hundes ermöglichen.

Ohrmilben sind in der Regel gut mit Ivermectin zu kontrollieren. Dies ist in Deutschland allerdings noch nicht für die Behandlung von Hunden zugelassen. Manche Rassen, allen voran englische Hütehunde, reagieren sehr sensibel auf dieses Medikament – es gab in der Folge sogar schon Todesfälle bei diesen Hunderassen.

Die Hundezecke der Gattung Ixodus.

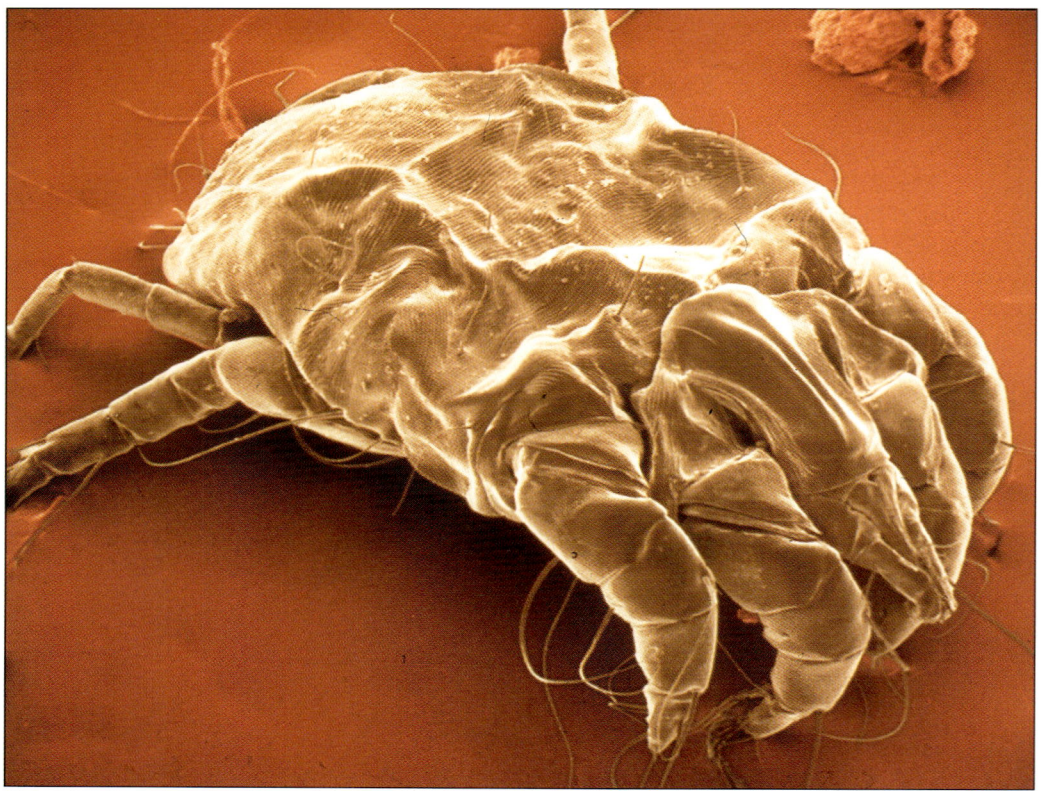

Eine groß-
artige Auf-
nahme der
Räudemil-
be *Psorop-
tes bovis*.

Da einige Arten von Räude auf den Menschen übertragen werden können, sollte in jedem Fall schnellstmöglich eine Behandlung erfolgen.

Innere Parasiten (Endoparasiten)

Die meisten Tiere – Fische, Vögel und alle Säugetiere, Hunde und Menschen eingeschlossen – beherbergen Würmer und andere Parasiten, die im Innern des Körpers leben. Nach Ansicht des Fischpathologen Dr. Herbert R. Axelrod gibt es zwei Arten von Parasiten – dumme und schlaue. Die schlauen Parasiten leben mit ihrem Wirt in friedlicher Ein-

tracht (Symbiose), während die dummen ihren Wirt umbringen.

Die meisten Wurminfektionen sind relativ einfach zu kontrollieren. Lässt man sie jedoch ungehindert ausufern, schwächen sie ihren Hundewirt letztendlich bis zu dem Punkt, an dem es zu anderen, meist gravierenderen Gesundheitsproblemen kommt.

Spulwürmer

Der häufigste Spulwurm bei Hunden ist unter dem wissenschaftlichen Namen *Toxocara canis* bekannt. Er lebt im Verdauungssystem des Hundes und schei-

det kontinuierlich Eier aus. Es wird vermutet, dass ein durchschnittlich großer
Hund täglich etwa 150 Gramm Kot produziert, von denen jedes Gramm durchschnittlich 10 000 bis 12 000 Spulwurm-
eier enthält. Es gibt keine Bereiche, in
denen sich Hunde aufhalten, die nicht
mit Spulwurmeiern verseucht sind. Die
größte Gefahr von Spulwürmern ist, dass
sie auch Menschen befallen. Aus diesem Grund ist es wichtig, Ihren Hund
regelmäßig zu entwurmen.
Auch Schweine leiden an Spulwürmern,
die auf Mensch und Hund übertragbar
sind. Der Spulwurm trägt den wissenschaftlichen Namen *Ascaris lumbricoides*.

Hakenwürmer

Die Wurmart *Ancylostoma caninum* ist
gewöhnlich als der Hundehakenwurm
bekannt. Er ist aber auch für Katzen und
Menschen gefährlich. Wie viele andere
Würmer besitzt auch dieser Wurm
Mundwerkzeuge, mit denen er sich in
den Darmwänden seines Wirtes veran-

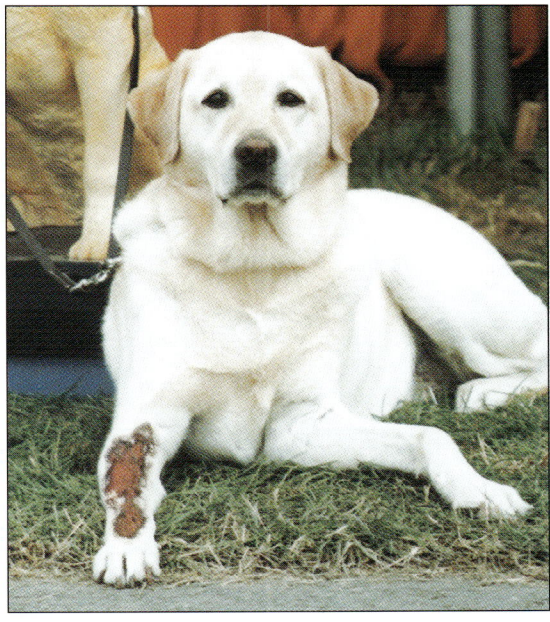

Leckekzeme finden sich meist an den Vorder-
läufen des Hundes. Dieses hat sich zu einer
offenen Wunde entwickelt.

Die Räudenmilbe des Hundes sieht man
ebenfalls oft bei Kühen.

Wussten Sie schon?

Es gibt viele Insektizide, die angewandt werden können, um Flöhe zu bekämpfen.

- Natürliche Mittel können im Haus verwendet werden.
- Flohhalsbänder bilden durch die Gase, die sie über einen längeren Zeitraum ständig abgeben, einen Schutz vor erneutem Flohbefall.
- Es gibt Mittel, die auf die Haut aufgetragen werden, ins Blut übergehen und auf diese Art das Blut für den Floh ungenießbar machen.
- Für die Behandlung von Körbchen, Sofas usw. bietet der Tierarzt spezielle Sprays an.

kert. Diese Mundwerkzeuge sind bei diesen Würmern besonders ausgebildet. Da er seinen Standort allerdings etwa sechsmal täglich wechselt, kommt es an den beschädigten Darmwänden zu Blutungen, die zu einer Eisenmangelanämie führen können. Ein Hakenwurmbefall kann einfach mit einer Reihe von Medikamenten behandelt werden. Milbemyzin oxim kann auch bei einem Befall mit Hakenwürmern genommen werden.

In England taucht im offenen Grasland der Hakenwurm *Uncinaria stenocephala* auf. Er befällt vor allem Hunde, die

Spulwürmer können sowohl Hunde als auch Menschen befallen.

sich länger im Freien aufhalten, wie viele Jagdhunde, Laufhunde und alle anderen Hunde, die viel im Freien trainieren.

Bandwürmer

Es gibt verschiedene Arten von Bandwürmern. Am häufigsten werden sie von Flöhen auf Hunde übertragen, indem der Hund den infizierten Floh frisst. Damit kann der Lebenszyklus des Bandwurms im Wirtstier beginnen. Bandwürmer sind auch auf anderen Wegen und nicht nur auf Hunde, sondern auch auf Menschen übertragbar. Während eine Bandwurminfektion für Hunde nicht lebensbedrohlich ist, kann sie bei Menschen eine sehr schwere Lebererkrankung auslösen. Etwa die Hälfte aller Menschen, die sich mit dem Fuchsbandwurm *Echinococcus multilocularis* infizieren, sterben letztlich daran.

Der Spulwurm *Ascaris lumbriocoides* kommt bei Hunden, Schweinen und Menschen vor.

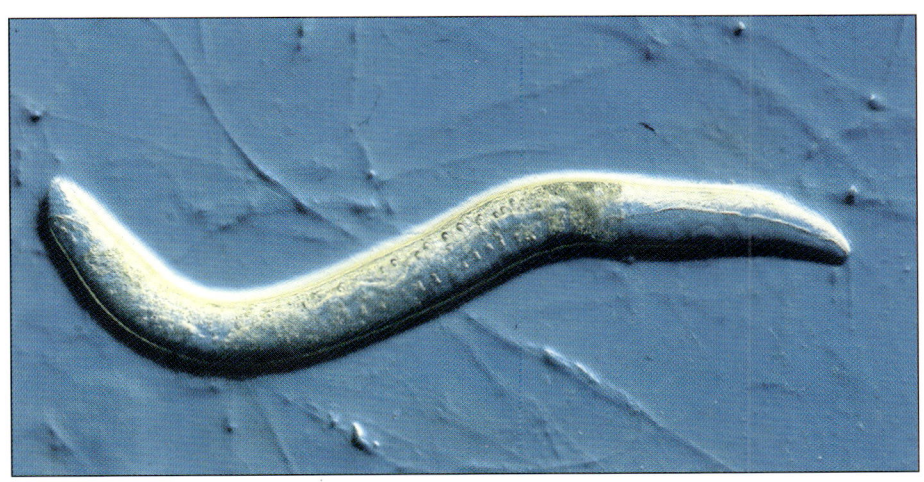

Der Spulwurm
Rhabditis.

Männlicher (links) und weiblicher (rechts) Hakenwurm, *Ancylostoma caninum*, gefunden in einem Labrador Retriever.

Wussten Sie schon?

Herzwürmer sind dünne, langge-streckte Würmer, die bis zu 30 cm lang werden. Sie leben im Herzen und den darunterliegenden großen Blutge-fäßen des Hundes. Ein Hund von der Größe eines Labrador Retrievers kann bis zu 200 dieser Würmer in seinem Herzen haben. Krankheitserscheinun-gen sind Nachlassen der Aktivität, Ap-petitverlust, Husten, die Entwicklung eines aufgetriebenen Bauches und Blutarmut.

Herzwürmer werden durch eine in Deutschland nicht heimische Mücken-art übertragen. In Deutschland hatten Herzwurminfektionen bis vor einigen Jahren keinerlei Bedeutung. Seitdem aber Rassehunde für Zucht und Aus-stellungen aus Amerika importiert werden, und viele Menschen von ihren Urlaubsreisen herrenlose Hunde aus südlichen Ländern mitbringen, kom-men Herzwurminfektionen mehr und mehr auch bei uns vor. So erscheint es heute sinnvoll, Hunde ab der sechsten Lebenswoche präventiv gegen einen Befall zu behandeln.

Herzwürmer

Herzwürmer sind dünne, bis zu dreißig Zentimeter lange Würmer, die in der Leber und den großen, das Herz umge-benden Blutgefäßen ihres Wirts leben. Hunde können bis zu 200 Würmer haben! Die Symptome sind Energiever-lust, Appetitlosigkeit, Husten, Anämie und die Entwicklung eines aufgeblähten Abdomens.

Die Herzwurm-Parasitose ist in Deutsch-land nicht heimisch, denn der Überträ-ger des Parasiten (*Dirofilaria immitis*) ist eine in Deutschland nicht vorkommen-de Mückenart. Dennoch kann sich Ihr

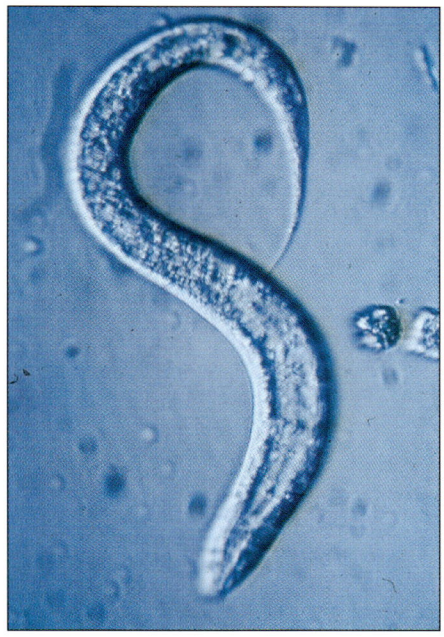

Hund infizieren, wenn Sie ihn mit in ein gefährdetes Land nehmen, dazu gehören die USA, Afrika und der Mittelmeerraum. Der Erreger lebt im Herzgewebe sowie in den angrenzenden Blut-

Oben:
Die inaktive Phase einer
Hakenwurmlarve.

Unten:
Der Kopf eines
Bandwurms.

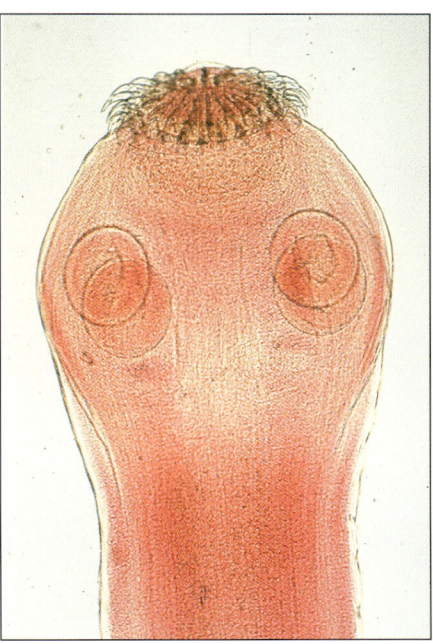

Wussten Sie schon?

Es gibt Insektizide, die verhindern, dass ein Flohei zu einer entwicklungsfähigen Flohlarve heranreift. Leider wirken diese Mittel nicht gegen eine bereits verpuppte Flohlarve. Entscheidend ist also, dass Sie die Flohlarve vor ihrer Verpuppung töten. Sie können auch verschiedene Mittel einsetzen, die die unterschiedlichen Entwicklungsstadien bekämpfen. Achten Sie dabei jedoch auf mögliche schädliche Wechselwirkungen!

Lassen Sie sich vom Tierarzt bei der Auswahl der richtigen Insektizide beraten. Hochwirksame Insektizide töten bis zu 93 % der Flohpopulation eines Hundes und haben eine Wirkungsdauer von sechs Monaten. Die Wirkungsdauer der einzelnen Mittel ist aber höchst unterschiedlich, ebenso ihre Giftigkeit für den Menschen. Einige der modernen Insektizide trocknen sowohl Eier, Larven als auch die ausgewachsenen Flöhe vollständig aus. Sie sind normalerweise nicht schädlich für Hunde, Katzen, Menschen und alle anderen Wirbeltiere.

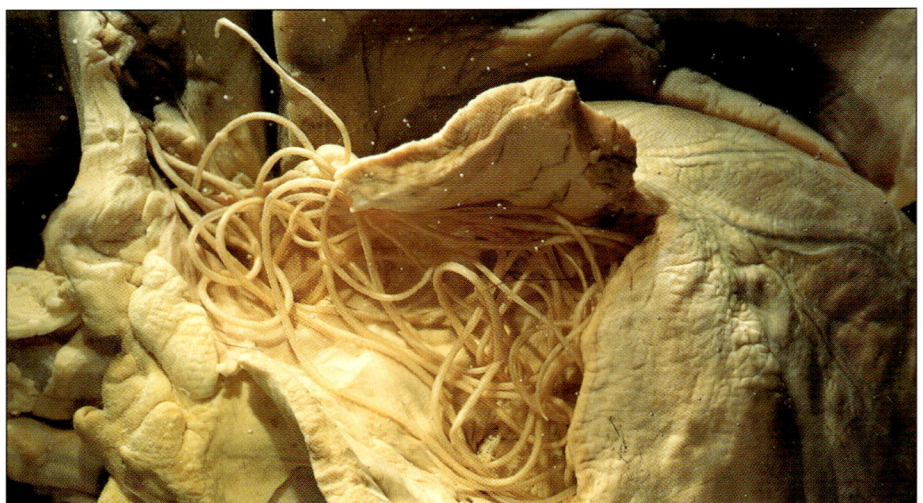

Der selten in Deutschland vorkommende Herzwurm *Dirofilaria immitis*.

Achten Sie darauf!

Das Futter Ihres Hund sollte immer Zimmertemperatur haben, wenn Sie es verfüttern. Wechseln Sie sein Wasser täglich und reinigen Sie unbedingt auch seine Fress- und Trinknäpfe täglich. Wichtig ist dies besonders dann, wenn Sie Trockenfutter verwenden. Füttern Sie Ihren Hund niemals vom Esstisch, während Sie selbst essen. Geben Sie Ihrem Hund nicht Ihre Essensreste. Diese enthalten in der Regel zu viele Fette und Gewürze. Hunde müssen ihr Futter gut kauen. Trockenfutter ist deshalb bestens geeignet. Suppen und Breie sind zu vermeiden. Mischen Sie auch das normale Hundefutter nicht mit Essensresten. Fertigfuttersorten für Hunde sind normalerweise bestens ausgewogen und enthalten alle wichtigen Nährstoffen. Wenn Sie dem Hundefutter etwas beimischen, zerstören Sie seine Balance.

gefäßen der Lunge. Seine Larven, Mikrofilarien genannt, leben im Blut. Beim Blutsaugen nimmt die Mücke die Larven auf und gibt sie beim nächsten Stich an andere Hunde weiter.

Es handelt sich um eine lebensgefährliche Parasitose, deren Behandlung langwierig und teuer ist. Eine Infektion kann verhindert werden, indem Sie Ihren Hund vor Reiseantritt in gefährdete Länder beim Tierarzt impfen lassen. Bluttests zum Nachweis sind nicht immer zuverlässig, achten Sie nach Reisen besser auf die genannten Symptome.

Die häufigsten Krankheiten beim Labrador Retriever

Name der Krankheit	Alter (erste Diagnose)	Ursache	Betroffene Körperteile
Leckekzem	in jedem Alter	unbekannt	vorrangig die Läufe
Grauer Star	unter 1 Jahr	angeboren	Linse
Ellbogendysplasie	4 bis 7 Monate	angeboren	Ellbogengelenk
Epilepsie	6 Monate bis 3 Jahre	angeboren	Nervensystem
Magendrehung	meist ältere Hunde	verschluckte Luft	Magen
Hüftgelenksdysplasie	12 Monate	angeboren	Hüftgelenk
Osteodystrophy	3 bis 4 Monate	Organismus Vitaminmangel	Knochenbau
Schilddrüsenüberfunktion	1 bis 3 Jahre	Überfunktion der Schilddrüse	Endokrines System
Lebererkrankung	in jedem Alter	angeboren	Leber
Muskelschwäche	erwachsene Hunde	angeboren	Muskulatur
Narkolepsie	1 bis 5 Monate	angeboren	Schlafstörungen
Osteochondrose	4 bis 7 Monate	angeboren	Gelenkknorpel
Progressive Retinal Atrophie	ältere Hunde	angeboren	Retina (Netzhaut)
Von Willebrand-Krankheit	von Geburt an	angeboren	Blutungen

Rassetypische Gesundheitsprobleme

Im Grunde ist der Labrador Retriever ein sehr gesunder Hund mit großer Lebensfreude. Während einige den ausgedehnten Spaziergang mit ihren Besitzer lieben, bevorzugen andere, besonders im vorgerückten Alter, den ruhigen Rundgang an der Seite ihres Herrn. Wenn Sie Ihren Labrador Retriever in vorzüglicher Kondition halten, ist dies die beste Versicherung für eine gute Gesundheit und ein langes Hundeleben. Fettleibigkeit dagegen schadet der Lebensqualität, macht Ihren Hund anfällig für Krankheiten und verkürzt sein Leben. Treffen Sie also alle erforderlichen Vorsorgemaßnahmen, um Ihren Hund gesund zu halten. Ihr Tierarzt wird Ihnen hierbei zur Seite stehen.

Wie viele andere Rassehunde auch, ist der Labrador Retriever von verschiedenen Erbkrankheiten betroffen. In einigen Zuchtlinien tritt gehäuft Epilepsie auf, von denen andere völlig frei sind. Epilepsie kann beim Hund in einem Alter zwischen sechs Monaten und drei Jahren auftreten. Betroffene Zuchttiere werden selbstverständlich aus der Zucht herausgenommen.

Zwei weitere das Nervensystem betreffende Krankheiten sind die Narkolepsie und die Kataplexie. Narkolepsie ist eine Art Schlafkrankheit, bei der das Tier ohne vorherige Müdigkeitserscheinungen in plötzlichen Schlaf verfällt. Die Erkrankung ist genetisch fixiert und betrifft in der Hauptsache Welpen in einem Alter zwischen einem und fünf Monaten. Die Narkolepsie wird manchmal von der Kataplexie begleitet. Hierbei verliert der Hund während eines narkoleptischen Anfalls zusätzlich jegliche Muskelspannung in verschiedenen Körperteilen.

Die Hüftgelenksdysplasie (HD)

Die Hüftgelenksdysplasie (HD) ist eine Erkrankung, die auf einer Fehlentwicklung des Hüftgelenks beruht. Wenn der Oberschenkelkopf und die Hüftgelenkspfanne nicht richtig zusammen passen, kommt es zu zu einer Arthrose, bedingt durch die falsche Abnutzung des Gelenks. Dieser Zustand ist sehr schmerzhaft und der Hund kann als Folge dieser Erkrankung unter Lahmheit leiden. HD wird in mehrere Grade eingeteilt, die die Schwere der Erkrankung kennzeichnen. In schweren Fällen hilft meist nur eine Operation.

Mögliche Zuchthunde können zur Früherkennung einer HD geröntgt werden. Ein Tierarzt nimmt das Röntgen oft unter Betäubung vor. Die Hüftgelenksdysplasie tritt bei Labrador Retrievern in Deutschland nicht sehr häufig auf. Dennoch müssen die Zuchthunde geröntgt werden, auch wenn die notwendige Narkose den

Wussten Sie schon?

Die größten Probleme bei der Zucht bereiten Erbkrankheiten. Seitdem viele Rassehunde, darunter auch der Labrador Retriever, sehr populär geworden sind, werden auch sehr viele Welpen gezüchtet, dabei wird aber nicht immer auf deren Gesundheit geachtet. Verantwortungsvolle Züchter wählen die Elterntiere sorgfältig aus und legen damit den Grundstein für die Gesundheit ihrer Welpen.

Organismus belastet. Es kann erwartet werden, dass jeder Besitzer eines möglichen Zuchthundes seinen Hund vorsorglich röntgen lässt und ihn gegebenenfalls nicht zur Zucht verwendet, wenn er Symptome aufweist oder erblich vorbelastet ist. Die VDH-Vereine haben hierbei strenge Vorschriften.

Ellenbogendysplasie (ED)

Die Ellenbogendysplasie ist neben der HD die häufigste Form der Dysplasie bei Hunden. Anders als Hüftsgelenksdysplasie kann Ellenbogendysplasie bereits in dem frühen Alter von sieben Monaten diagnostiziert werden. Bei der Hüftgelenksdysplasie muss das Knochenwachstum erst abgeschlossen sein, weshalb das Röntgen der Hüften erst ab einem Alter von ein bis zwei Jahren durchgeführt wird.

Osteochondrose (OCD)

Bei der OCD verhärtet sich die knorpelige Knochenauflage im Schulter-, Ellenbogen-, Knie- oder auch Sprunggelenk derart, dass sich Teile lösen können und sich nun frei im entsprechenden Gelenk bewegen. Dadurch liegt zum einen der unter dem gelösten Knorpel befindliche Knochen frei und kann sich entzünden. Zum anderen kann der abgelöste Knorpel im Gelenk für weitere Probleme, beispielsweise Entzündungen, führen. Je nachdem wie groß die betroffene Stelle ist, kann die folgende Lahmheit von gelegentlichem Humpeln bis zu einer chronischen Lahmheit variieren. Bei Hunden ist das Ellenbogengelenk am häufigsten in Folge einer Ellenbogengelenksdysplasie (ED) betroffen.

Nervöses Lecken

Labrador Retriever und andere Hunderassen von ähnlicher Größe neigen häufig zu einer Erkrankung, deren Ursache bisher noch nicht eingehend erforscht wurden – dem nervösen Lecken.

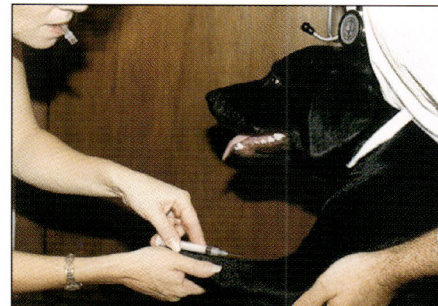

Der von Ihnen ausgewählte Tierarzt sollte für Sie und Ihrem Hund eine Vertrauensperson sein.

Das Krankheitsbild ist durch das pausenlose Belecken und Beknabbern einer bestimmten Körperregion gekennzeichnet, meistens der Beine. Die Hunde lecken so hartnäckig, dass sie die Haare und die oberen Hautschichten zerstören und eine tiefe hässliche Wunde verursachen. Es wird angenommen, dass ungeeignete Haltungsbedingungen und Langweile eine Hauptursache des Problems sind. Die Behandlung erfolgt meistens mit Kortikosteroiden.

Pollenallergie

Eine auch bei Hunden häufige Form der Allergie ist die Pollenallergie, die umgangssprachlich auch als Heuschnupfen bezeichnet wird. Betroffene Menschen zeigen Symptome wie Fieber, Schnupfen und andere Krankheitsanzeichen, unter denen sie in der Hauptsache während der Pollenflugzeiten leiden. Es ist möglich, dass auch Ihr Hund bei starkem Pollenflug erheblich leidet. Erwarten Sie aber nicht, dass er nießt und seine Nase läuft wie beim Menschen. Hunde reagieren bei einer Pollenallergie so wie sie auch auf Flohbisse reagieren, sie kratzen und beißen sich, denn die Allergie löst bei ihnen vor allem einen Juckreiz der Haut aus. Labrador Retriever sind sehr anfällig für diese Form der Allergie. Glücklicherweise kann bei Hunden wie bei Menschen ein Allergietest gemacht werden. Sprechen Sie hierüber mit Ihrem Tierarzt.

Magendrehung

Hierbei dreht sich der flexibel aufgehängte Magen längs um die eigene Achse, verschließt Ein- und Ausgang und klemmt die Blutversorgung ab. Zu einer Magendrehung kommt es vor allem nach hastigem Fressen, wobei neben der Nahrung auch viel Luft geschluckt wird, die den Magen auftreibt. Die bei der Verdauung entstehenden Gase scheinen bei der Magendrehung ursächlich keine Rolle zu spielen. Im Magen wird eine Menge Blut eingeschlossen und der betroffene Hund kann einen Schock erleiden und binnen Stunden daran sterben. Ihn kann nur die unmittelbare tierärztliche Hilfe retten. Es hat sich bewährt, statt einer umfangreichen Mahlzeit gefährdeten Hunderassen mehrere kleine Mahlzeiten zu füttern und dem Hund vor und nach den Mahlzeiten möglichst eine Stunde Ruhe zu gönnen. Halter von Labrador Retrievern sollten mit ihrem Hund bei den kleinsten Anzeichen einen Tierarzt aufsuchen. Neben einem aufgebläht wirkenden Bauch sind dies auch vergebliche Versuche, sich zu erbrechen.

Schilddrüsenerkrankungen

Jeder Hund sollte unabhängig von seiner Größe vorsorglich auf eine Unterfunktion der Schilddrüse untersucht werden. Bei einer Unterfunktion produziert die Schilddrüse zu wenig Schilddrüsenhormon, was sich symptomatisch in Haarausfall, trockener oder verdickter Haut, Abwehrschwäche, Übergewicht, Unruhe oder allgemeinem Unwohlsein und Lethargie äußern kann. Ganz wichtig ist bei der Vorsorge, dass auf Futter verzichtet wird, das künstliche Konservierungsstoffe enthält, die häufig Auslöser von Drüsen- und anderen organischen Erkrankungen sein können. Die Schilddrüse ist eine wichtige Drüse und für die Funktion vieler Organe verantwortlich. Der Hormonspiegel der Schilddrüse kann durch eine Blutprobe bestimmt werden und sollte einmal jährlich untersucht werden.
Die jährlichen Routineuntersuchungen sind für Hunde besonders wichtig. Ein Hundejahr entspricht beim erwachsenen Hund in etwa sechs bis sieben Menschenjahren. Hunde altern also schneller und müssen deshalb häufiger untersucht werden. Bleiben Anzeichen für eine akute Erkrankung wie verringerte Vitalität, Inkontinenz, schlechter Appetit, Durchfall, verklebte Augen, Ausfluss aus der Nase oder Lustlosigkeit mehr als 24 Stunden bestehen, bringen Sie ihn zum Tierarzt.

Die Kastration

Eine Kastration, also die Entfernung der Keimdrüsen, kann in manchen Fällen sinnvoll sein. Bei der Hündin ist eine Kastration dann angezeigt, wenn man keinen Nachwuchs möchte oder die

Hündin nach jeder Läufigkeit ausgeprägt scheinträchtig wird. Die Kastration ist zwar ein sehr radikaler Schritt, aber wesentlich besser als eine dauerhafte medikamentöse Behandlung zur Unterdrückung der Läufigkeit. Das Wesen der Hündin verändert sich durch die Kastration normalerweise nicht. Wenn eine Hündin zu aggressivem oder sehr dominantem Verhalten neigt, wird sich dies nach einer Kastration wahrscheinlich geben. Aber Labradorhündinnen neigen normalerweise nicht zu aggressivem Verhalten.

Beim Rüden kann eine Kastration angezeigt sein, wenn er hypersexuell ist, also ein übersteigertes Sexualverhalten zeigt. Dies kommt bei Labradorrüden häufiger vor. Hypersexuelle Rüden werden schnell aggressiv gegenüber gleichgeschlechtlichen Artgenossen, was sehr unangenehm ist. Sie sind auch ständig hinter Hündinnen her und bespringen nahezu jede, egal ob läufig oder nicht. In den meisten Fällen hilft eine Kastration. Der Hund sollte aber nicht älter als zwei Jahre sein. Ansonsten kann es sein, dass er sich sein Verhalten schon so angewöhnt hat, dass er es auch nach der Kastration aus Gewohnheit beibehält. Eine Wesensveränderung tritt etwa sechs bis acht Wochen nach der Kastration ein. So lange dauert es, bis alle Hormone abgebaut sind.

Kastrierte Hund neigen dazu, schneller Fett anzusetzen. Deshalb sollte die tägliche Futtermenge nach der Operation konsequent um ein Drittel reduziert werden. Auch die Gabe von Leckerlis müssen Sie einschränken oder auf besonders kalorienarme zurückgreifen.

Gedanken zur Zucht

Viele Labrador-Besitzer spielen eines Tages mit dem Gedanken, einen Wurf aufzuziehen. Das ist sicherlich ein schönes Erlebnis. Aber es gibt einiges dabei zu bedenken. Neben den räumlichen Voraussetzungen ist eine ganze Menge Wissen und Verantwortung notwendig. Der Labrador wird immer beliebter, was durch die massenhafte Vermehrung verantwortungsloser Geschäftemacher leider auch dazu geführt hat, dass diese

Tierärzte können inzwischen eine Vielzahl der Krankheiten bei Hunden heilen.

Rasse nicht mehr so gesund ist, wie sie es früher einmal war. Wer schon bei der Anschaffung seines Hundes mit dem Gedanken spielt, später einmal zu züchten, sollte sich auf jeden Fall bei den vom VDH anerkannten Retrieverklubs nach einem Welpen umsehen. Die Adressen finden Sie weiter hinten im Buch.

Um zur Zucht zugelassen zu werden, muss ein Labrador einige Voraussetzungen erfüllen, die bei den Vereinen leicht unterschiedlich sind. Bestimmte Erbkrankheiten müssen ausgeschlossen werden, allen voran die HD und typische Augenleiden, Wesen und Aussehen müssen natürlich rassetypisch sein und den Forderungen des Standards entsprechen. Auch die Leistungsfähigkeit der Zuchthunde wird geprüft. Die genauen Bestimmungen erhalten Sie von den Klubs. Aber diese Bestimmungen kön-

Nachdem Ihr Labrador sein Geschäft verrichtet hat, gehört es zu Ihrer Aufgabe, den Haufen umgehend zu entfernen.

nen nicht alles abdecken, was bei der Zucht zu bedenken ist. Vieles bei der Auswahl der Zuchthunde fällt unter die Eigenverantwortung des Züchters. Züchten sollte man nur mit rundherum gesunden und wesenstypischen Hunden. Der Deckakt und die Aufzucht der Welpen sollten so natürlich wie möglich gestaltet werden. Ein enger Konatkt zum Menschen ist bei der Aufzucht sehr wichtig. Nur wenn man ein besonderes Augenmerk auf diese Dinge legt und die Zucht mit Sachverstand betrachtet, kann die Rasse gesund erhalten werden.

Sie können einen Hund gerne streicheln und umarmen. Den Kontakt der Hundeschnauze mit ihrem Gesicht sollten Sie aber nicht zulassen, da hier Würmer übertragen werden können.

Ihr älterer Labrador Retriever

Das Wort „alt" ist sehr relativ zu betrachten. Die Unterschiede zwischen einem Welpen und einem erwachsenen Labrador Retriever sind offensichtlich, aber ab wann ist ein erwachsener Hund wirk-

lich alt? Es gibt äußere Anzeichen, die darauf hindeuten, dass wir einen alten Hund vor uns haben, beispielsweise die ergrauten Gesichtshaare. Aber auch dies zu erkennen fällt uns zumindest beim hellen Labrador schon schwer. Tatsächlich können wir aber beobachten, dass die Aktivität des älteren Labrador Retrievers in vielen Bereichen eingeschränkt ist. Sein Spiel ist nicht mehr so ausdauernd, er läuft nicht mehr so schnell. Oft möchte er einfach nur seine Ruhe haben

und sich an seinen Platz zurückziehen. Ältere Hunde ähneln in vielen Punkte kleinen Welpen. Sie brauchen viel Schlaf und Erholung. Es macht auch einen Unterschied, ob ein Labrador Retriever mit älteren Personen zusammenlebt, die ohnehin eingeschränkt in ihren Aktivitäten sind, oder ob er ein Leben voller Aktivitäten führt, was ihn lange jung und fit hält.

Es gibt zahlreiche Versuche, Menschen- und Hundealter in eine Verbindung zu seetzen. Wenn man idealisiert, dass Menschen 100 Jahre alt und Hunde 20 Jahre werden, kommt man auf die einfache Faustregel, dass ein Menschenjahr fünf Hundejahren entspricht. Diese einfache Gleichung trifft die Realität allerdings nur unvollkommen, wie die nachvollgende Vergleichskurve zeigt.

Alte Labrador Retriever haben einen „alten" Gesichtsausdruck und verhalten sich auch wie ein alter Hund. Es kommt vor, dass sich im Alter auch ihr Verhalten ändert.

Wussten Sie schon?

Ihr Hund wird dann alt, wenn Sie es ihm anmerken. Seine allgemeine Aktivität lässt nach: Er rennt, läuft und frisst weniger und sogar seine früheren Lieblingsspiele werden nicht mehr so intensiv ausgeübt. Andere Beschäftigungen nehmen zu: Er schläft viel, er ist anlehnungsbedürftiger und zeigt dies durch vermehrtes Handlecken. Manchmal wiederholt er unaufgefordert gelernte Verhaltensweisen.

Man kann sagen, dass ein Labrador Retriever mit 13 Jahren seine Lebenserwartung erreicht hat. Dies ist für einen Hund seiner Größe schon ein beträchliches Alter, wenn man bedenkt, dass viele größere Rassehunde selten älter als zehn Jahre alt werden. Hunde brauchen zwei bis drei Jahre um erwachsen zu sein. In dieser Phase durchlaufen sie die Zeit vom Welpen bis zum erwachsenen Hund. Als älteren Hund kann man ihn ab ungefähr acht Jahren bezeichnen. Dies ist jedoch abhängig von der Kondition und Konstitution des Hundes. Der Alterungsprozess verläuft auch nicht linear, es gibt immer wieder Phasen, in denen der Hund schneller, und Phasen, in denen der Hund langsamer altert. Jegliche Altersangabe dient rein zur groben Orientierung.

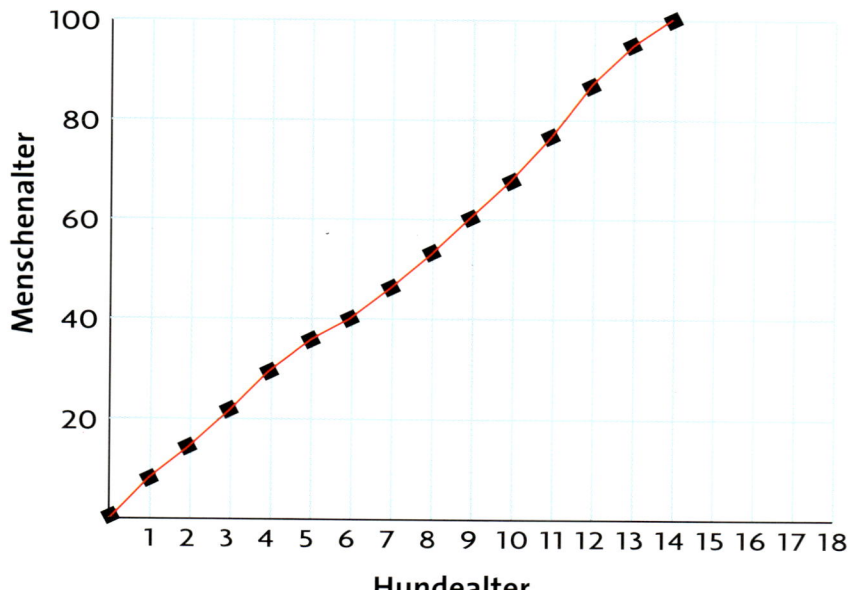

Symptome des Alterns

Die unten aufgeführten Symptome treten nach und nach auf und werden immer stärker. Sie sind nicht lebensbedrohlich, jedoch sollten Sie sie ernst nehmen und Ihren Tierarzt zu einem Gespräch aufsuchen:

- Ihr Hund winselt, wenn er sich bewegt und hört auf zu rennen.

- Krämpfe setzen ein oder werden häufiger und stärker. Der typische Krampf setzt ein, indem der Hund sich versteift und zu zittern beginnt, während er sich nicht bewegen kann oder bewegen will. Ein Krampf dauert ungefähr fünf bis 30 Minuten.

- Mehr und mehr Stubenreinheitsunfälle treten auf. Der Hund verliert Kot und Urin, ohne dies kontrollieren zu können.

- Erbrechen tritt häufiger auf.

Zeit Abschied zu nehmen

Man ist nie ganz vorbereitet, um die richtige Entscheidung zu treffen, wenn die Zeit des Abschieds gekommen ist. Natürlich lieben Sie Ihren Hund. Er ist Ihnen über all die Jahre, die er mit Ihnen verbracht hat, zum wirklichen Freund und allgegenwärtigen Partner geworden. Einen geliebten Freund einschläfern zu lassen, wenn dessen Gesundheit es erforderlich macht, ist immer ein schwerer Schritt. Es erfordert viel Stärke und Verständnis für die Situation aus Sicht des Hundes. Hier kann der Rat des Tierarztes vielleicht die Entscheidung erleichtern. Wenn die Prognose für den Hund bedeutet, dass er sich für den Rest seines Lebens quälen muss oder Schmerzen hat, wenn Ihr geliebter Freund einfach nicht mehr am Leben teilhaben kann, dann sollten Sie ihn in Gnaden gehen lassen. Manchmal gibt es keine andere Alternative. Ihr Tierarzt kann dies bei Ihnen zuhause machen. Sie können Ihren Labrador Retriever in Ihren Armen verabschieden, so dass er nicht am Ende die Kälte einer Tierarztpraxis spüren muss. Heutzutage ist die Medizin so weit fortgeschritten, dass es nur Sekunden dauert, ohne dass Ihr Labrador Retriever es groß gespürt hat. Denken Sie immer daran, dass es hier in der Verantwortung des Menschen liegt, seinen Freund in Würde gehen zu lassen.

Was geschieht beim Einschläfern?

Der Begriff Euthanasie ist aus dem Griechischen abgeleitet und bedeutet soviel

Graues Haar um die Nase herum sind frühe Anzeichen des alternden Hundes.

wie „guter Tod". Mit anderen Worten ist mit „Euthanasie" der geplante und schmerzlose Tod gemeint. Ein Hund, der unter einer schmerzhaften und unheilbaren Krankheit leidet oder so alt ist, dass er nicht mehr laufen, sehen, fressen oder seine grundlegenden Körperfunktionen kontrollieren kann, hat kaum mehr Lebensfreude. Eingeschläfert wird gewöhnlich mittels der Injektion einer Überdosis eines Anästhesiemittels oder Barbiturats. Außer dem Einstich der Injektionsnadel spürt Ihr Hund nichts.

Der letzte Ruheplatz

Sie können Ihren Hund auf Ihrem eigenen Grundstück begraben. Zum Schutz des Grundwassers sind hierbei einige Bestimmungen einzuhalten, die von Ort zu Ort unterschiedlich sein können; erkundigen Sie sich also bei Ihrer Gemeindeverwaltung. Ein hübscher Platz in Ihrem Garten, vielleicht mit einem Naturstein oder einem neu gepflanzten Strauch, ist eine gute Möglichkeit, Ihren Freund in Erinnerung zu behalten.

Es gibt jedoch auch die Möglichkeit, den toten Hund vom Tierarzt beseitigen zu lassen. In allen Städten existieren sogenannte Tierkörper-Sammelstellen, in denen tote Haustiere verwertet werden. Aus Amerika ist die Sitte zu uns herübergekommen, den Hund auf einem Hundefriedhof feierlich beizusetzen. In vielen Städten gibt es bereits solche Tierfriedhöfe, deren Anlagen den Menschenfriedhöfen sehr ähnlich sind. Es gibt auch Firmen, die eine Verbrennung Ihres toten Hundes anbieten und Ihnen später die Urne aushändigen. Dies ist eine Entscheidung, die jeder Hundebesitzer für sich persönlich treffen muss.

Auch für Hunde gibt es heute weltweit Friedhöfe.

Ein neuer Hund?

Der Verlust Ihres Labrador Retrievers ist gleichzeitig der Verlust eines engen Freundes. Sie können einen Freund niemals ersetzen, aber wenn Sie möchten, kann Ihnen die Auswahl eines neuen Hundes über die Trauer hinweghelfen. In den meisten Fällen stirbt ein Hund im fortgeschrittenen Alter. Seine Aktivitäten haben langsam nachgelassen und er ist zu einem ruhigen Begleiter geworden. Nun stellt sich Ihnen die Frage, ob Sie einen agilen Welpen oder einen bereits erwachsenen, ruhigeren Hund zu sich nach Haus holen möchten. Ein Labrador Retriever-Welpe bringt viel Leben zurück, aber alles fängt auch wieder von vorn an. Alle Schritte der Erziehung müssen neu erlernt werden, sowohl vom Hund als auch von Ihnen. Ein bereits erwachsener Hund hat den Vorteil, dass diese Anfangsschwierigkeiten entfallen. Allerdings ist die Situation in Deutschland anders als in Amerika oder England. Selten bekommt man einen bereits erwachsenen Hund, der alle positiven erwünschten Eigenschaften aufzeigt. Wenn hier ein erwachsener Hund abgegeben wird, so ist er oft schon durch mehrere Hände gegangen oder kommt aus sogenannten „Scheidungsverhältnissen". Nicht selten wurde ein Hund auch abgegeben, weil er seinen Vorbesitzern zu schwierig war. Meist werden dann die nächsten Besitzer mit unerwarteten Schwierigkeiten konfrontiert. Sie wissen schließlich nie, was der arme Hund schon alles erlebt hat; und ein Vorbesitzer, der seinen Hund unbedingt loswerden möchte, wird Ihnen die schlechten Eigenschaften seines Labrador Re-

Sie können Ihren Hund auch einäschern und in einem Urnengrab beisetzen.

trievers kaum mitteilen. Einen bereits erwachsenen Hund zu erwerben, bedeutet also immer ein gewisses Risiko. So ist es nicht verwunderlich, dass ältere Hunde meist schwierig zu vermitteln sind. Allerdings findet man gerade unter älteren Hunden oft sehr ehrliche, treue Hunde, sobald sie sich erst einmal eingelebt und an ihre neue Familie gewöhnt haben. Wenn Sie einen neuen Hund suchen, dann rufen Sie am besten bei einem Rassehunde-Klub an. Die Welpenvermittlung der Vereine kann Ihnen die Telefonnummern und Adressen von Züchtern geben, die Welpen abzugeben haben oder einen Wurf erwarten. Vielleicht wollen Sie aber auch gar keinen neuen Hund? Wie immer Sie sich entscheiden, überlegen Sie es sich gut. Wer einmal einen Labrador Retriever besessen hat, der wird sich in der Regel wieder für diese Rasse entscheiden, weil er von den Charaktereigenschaften dieses Hundes überzeugt ist. Vielleicht hat ja Ihr Züchter gerade wieder einen Wurf Welpen? Vielleicht haben Sie das Glück, schon bald wieder einen kleinen Labrador Retriever in Ihr Haus zu holen zu können, was könnte besser sein?

133

CDS: COGNITIVE DYSFUNCTION SYNDROME
„Alter-Hund-Syndrom"

Es gibt viele Möglichkeiten, die Merkmale eines altern- den Hundes zu bewerten. Tierärzte haben die allmähliche Verschlechterung verschiedener Fähigkeiten unter dem Begriff „CDS" (Cognitive Dysfunction Syndrom) zusammengefasst. Wenn der Hund seine norma- len Gewohnheiten verändert und eine organische Erkrankung ausgeschlossen wurde, dann sind diese Dinge altersbeding- te Veränderungen.

Mehr als die Hälfte aller Hunde, die älter als acht Jahre sind, lei- den an diesen Symptomen. Je älter, um so häufiger treten die- se Dinge auf.

Folgende vier Anzeichen sind für CDS charakteristisch:

- **Häufige Probleme mit der Stubenreinheit**

- **Veränderte Schlafgewohnheiten**

- **Verwirrtheit**

- **Fehlende Reaktion auf äußere Anregungen**

Symptome von CDS:

Häufige Probleme mit der Stubenreinheit
- ❑ Urinieren im Haus
- ❑ Absetzen von Kot im Haus
- ❑ Zeigt nicht an, wenn er hinaus muss

Veränderte Schlafgewohnheiten
- ❑ Bewegt sich sehr langsam
- ❑ Schläft am Tag mehr als normal
- ❑ Schläft nachts weniger als normal
- ❑ Geht ziel- und lustlos umher

Verwirrtheit
- ❑ Geht hinaus und bleibt stehen
- ❑ Erscheint verwirrt, abwesender Blick
- ❑ Verkriecht sich oft
- ❑ Erkennt Freunde nicht
- ❑ Kommt nicht, wenn er gerufen wird

Fehlende Reaktion auf äußere Anregungen
- ❑ Reagiert nicht auf soziale Kontakte
- ❑ Nimmt weniger Kontakt zu Men- schen auf, egal ob er gerufen wird oder nicht
- ❑ Mag nur kurze Zeit gestreichelt werden
- ❑ Kommt zur Begrüßung nicht an die Tür, wenn man nach Hause kommt

Erste Hilfe
auf einen Blick

Verbrennungen
Halten Sie die verbrannte Stelle unter kaltes Wasser, bei kleinen Verbrennungen können Sie einen Eiswürfel benutzen.

Insektenstiche
Benutzen Sie Eis, um die Schwellung zu verringern. Bei Allergie muss Ihr Hund sofort zum Tierarzt.

Tierbisse
Säubern Sie den blutenden Bereich, legen Sie eventuell einen Druckverband an. Suchen Sie den Tierarzt auf.

Verschlucken von Fremdkörpern
Den Hund nicht erbrechen lassen. Sofort den Tierarzt konsultieren.

Vergiftung mit Frostschutzmittel
Bringen Sie den Hund sofort zum Erbrechen.

Angelhaken
Wird am besten vom Tierarzt entfernt, muss zum Entfernen zerschnitten werden.

Schlangenbisse
Für den seltenen Fall packen Sie Eis um den Biss, rufen den Tierarzt an und versuchen die Schlange zu identifizieren.

Autounfall
Ziehen Sie den Hund mit Hilfe einer Decke von der Straße, suchen Sie sofort einen Tierarzt auf.

Schock
Beruhigen Sie den Hund, halten Sie ihn warm, suchen Sie sofort einen Tierarzt auf.

Nasenbluten
Legen Sie eine kalte Kompresse auf die Nase, bei sichtbaren Verletzungen üben Sie einen leichten Druck aus.

Blutende Wunden
Legen Sie einen Druckverband an, bedecken Sie die Wunde mit einer Wattekompresse.

Hitzschlag
Kühlen Sie den Hund mit feuchten Tüchern, frischer Luft und kühlem Wasser. Suchen Sie einen Tierarzt auf.

Schürfwunden
Säubern Sie die Wunde mit viel Wasser und tragen Sie ein Antiseptikum auf.

Unterkühlung, Frostbeulen
Wärmen Sie den Hund mit einem warmen Bad auf, legen Sie ihn auf eine elektrische Heizdecke oder eine Wärmeflasche.

 Bedenken Sie, dass ein verletzter Hund aus Angst oder in Panik beißen kann. Legen Sie ihm einen Maulkorb an, bevor Sie ihm helfen.

Ihr Labrador Retriever auf Ausstellungen

Hundeausstellungen sind Spaß und Vergnügen für Hund und Besitzer. Hier kann man nette Hundebesitzer treffen und viele Erfahrungen austauschen.

Der von Ihnen ausgesuchte Welpe hat sich zu einem besonders schönen Rassevertreter entwickelt. Sie sind wirklich stolz auf Ihren kleinen Kerl und haben ihm eine gute Grundausbildung beigebracht. Haben Sie schon einmal darüber nachgedacht, Ihren Labrador Retriever auf einer Ausstellung zu zeigen? Wie sehen Ihn die Augen eines Richters? Für englische Hundebesitzer ist es das Höchste, auf der *Cruft's Dog Show* in Birmingham dabei zu sein. Wer hier seinen Hund melden darf, der hat schon einen langen Weg von Erfolgen hinter sich. Nur die Besten werden auf der Cruft's gezeigt. Dort dann auch noch zu gewinnen ... – warum träumen Sie nicht auch ein wenig? Informieren Sie sich über die Voraussetzungen. In Deutschland läuft alles etwas anders.

Das erste, was ein junger Ausstellungshund lernen muss, ist, mit anderen Hunden seiner Rasse gemeinsam in Konkurrenz im Ring zu stehen. Bei jeder Rasse wird der rassenbeste Rüde und die ras-

sebeste Hündin ermittelt, anschließend wird der rassebeste Hund ausgewählt. Dieser geht dann in Konkurrenz zu den rassebesten Hunden seiner Gruppe um den Titel des Gruppenbesten. Unter den zehn Gruppenbesten, die FCI teilt die

Hunderassen in zehn Gruppen ein, wird dann der Sieger der gesamten Ausstellung ermittelt.

Dabei muss man verstehen, dass die Hunde, auch wenn es den Anschein haben mag, nicht direkt gegen einander antreten. Vielmehr wird der Richter jeden Hund gemäß des Rassestandards begutachten, hierüber einen Bericht verfassen und eine Benotung abgeben. Der Hund, der dem Rassestandard am nächs-

> ### Wussten Sie schon?
> Die FCI unterteilt die Hunderassen in zehn Gruppen. Der Labrador gehört zur Gruppe 8 der Apportier-, Stöber- und Wasserhunde. Dieser Gruppe gehören alle sechs FCI-anerkannten Retriever-Rassen an.

ten kommt (den perfekten Hund gibt es nicht), wird den Ring als Sieger verlassen. Da der Standard jeder Rasse aber trotz aller Genauigkeit noch Spielraum für Interpretationen lässt, wird auch jeder Richter jeden Hund mit etwas anderen Augen sehen.

Wenn Sie sich für eine Ausstellung interessieren, informieren Sie sich am besten bei Ihrem Rassehunde-Klub. Dieser kann Ihnen Ausstellungstermine nennen. Wenn Sie noch nie auf einer Ausstellung waren, dann schauen Sie sich erst einmal alles in Ruhe an und lassen sich den Ablauf einer Ausstellung von einem erfahrenen Aussteller erklären, bevor Sie Ihren Hund bei einer der nächsten Ausstellungen anmelden. Viele Vereine bieten ihren Mitgliedern spezielle Ringtrainings an, bei denen Sie alles lernen können, was Sie und Ihr Hund für die Ausstellung brauchen.

Auf Ausstellungen gibt es verschiedene Klassen, die jeweils nach Rüden und Hündinnen getrennt sind. Das Richten beginnt stets mit den Rüden, sofern

Carol Ann Johnson

Dieser Labrador war 1988 der Labrador mit den meisten Ausstellungssiegen. Hier erhält er gerade sein Championtitel-Ticket.

nicht ein zweiter Richter für die Hündinnen benannt wurde. Dann starten die Klassen parallel.

Klasseneinteilung

• Jüngstenklasse	6–9 Monate
• Jugendklasse	9–18 Monate
• Offene Klasse	ab 15 Monaten
• Gebrauchshundklasse	ab 15 Monaten
• Championklasse	ab 15 Monaten
• Veteranenklasse	ab 8 Jahren
• Züchterklasse	ab 15 Monaten
• Nachkommenklasse	
• Paarklasse	

Die Richtlinien zur Vergabe der Champion-Anwartschaften sind vom VDH festgelegt. Sofern Ihr Labrador Retriever eine FCI-Ahnentafel besitzt, sind Sie berechtigt, an allen FCI-Ausstellungen teilzunehmen. In Deutschland werden diese vom VDH ausgerichtet und im Ausland von dem FCI-angehörenden Ver-

Einen Titel gewinnen

England stellt die schwersten Anforderungen für einen Championtitel. In den USA und Kanada ist es einfacher, die nötigen drei *green tickets* zu erhalten. Um die erforderlichen Championats-Anwartschaften zu erhalten, braucht der Hund ein gutes Handling und etwas Glück. In Deutschland werden die Schönheitschampionate auf den Ausstellungen des VDH vergeben. Man benötigt vier nationale Anwartschaften (CAC), um den Titel des „Deutschen Champions" zu erreichen.

band des jeweiligen Landes. Diese Ausstellungen sind als „Internationale Rassehundeausstellungen" ausgewiesen und berechtigen zum Erwerb des Titels „Internationaler Champion". Auch die jeweiligen Rassehunde-Klubs können Ausstellungen ausrichten, die als nationale Ausstellungen für den Titel des „Deutschen Champion" berechtigen.

Wussten Sie schon?
Die Grundvoraussetzung für eine Ausstellung ist nicht nur, einen schönen Hund zu besitzen! Man sollte ihn auch gut dem Richter präsentieren können. Hierzu bieten Ihnen die Rassehunde-Klubs oftmals Kurse für Ringtraining an. Ihr Hund sollte dem Richter in einer ruhigen Gangart vorgeführt werden, er sollte sich im Stand gut präsentieren und seine Zähne anschauen lassen, ohne dem Richter in die Hand zu schnappen. Ein Richterurteil kann sehr subjektiv sein, denn der Standard ist interpretationsfähig. Begegnen Sie dem Urteil des Richters mit Fairness – in Ihren Augen haben Sie ohnehin den schönsten Hund!

Die Ausstellungstermine werden stets in Hundefachzeitschriften veröffentlicht und können mit den Meldeformularen beim jeweiligen Klub oder direkt beim VDH angefordert werden.

Prüfungen für den Labrador Retriever
BHP – Begleithundeprüfung
Haben Sie schon einmal daran gedacht, mit Ihrem Labrador Retriever eine Ausbildung zum verkehrssicheren Begleithund (BH) zu versuchen? Entsprechende Kurse werden von zahlreichen Gruppen der VDH-Mitgliedsvereine angeboten. Diese Ausbildung ist für Hunde aller Rassen geeignet und die Voraussetzung für weitergehende Hundesportarten wie beispielsweise Agility, was für Hund und Halter ein Riesenspaß und auch von Hunden der Größe eines Labradors problemlos zu bewältigen ist.

Die Begleithundprüfung soll aus Ihrem Hund einen zuverlässig verkehrssicheren und „umweltsicheren" Begleiter machen, den Sie überall hin mitnehmen können, ohne befürchten zu müssen, dass er sich oder andere gefährden könnte.

An der Begleithundprüfung darf ein Hund erst teilnehmen, wenn er mindestens zwölf Monate alt ist. Erst dann ist er körperlich einigermaßen ausgereift und seine Persönlichkeit ist gefestigt. Da sämtliche in dieser Prüfung geforderten Fähigkeiten des Hundes auf den Übungen basieren, die Sie schon von seiner Erziehung her kennen, sollten Sie von jedem wesensfesten, instinktsicheren Hund bei entsprechender Vorbereitung problemlos zu bewältigen sein. Über die genauen Anforderungen gibt die Ausbildungs- und Prüfungsordnung des Verbandes für das Deutsche Hundewesen (VDH) Auskunft.

BLP – Bringleistungsprüfungen
Die BLP ist eine Zucht-, Anlagen- und Leistungsprüfung: Sinn und Aufgabe der Prüfung ist es, den jungen Retriever im Hinblick auf seine natürlichen Anlagen, auf seine Verwendung für die Arbeit nach dem Schuss, auf seinen

- Bestimmung für die Einweisung auf zwei Stücke Federwild.
- Bestimmung für die freie Verlorensuche.
- Die Richter achten auf ein ruhiges Verhalten des Retrievers während der gesamten Prüfung, also auch während der Arbeiten anderer Hunde.
- Lenkbarkeit
- Allgemeiner Gehorsam.
- Schussfestigkeit im Feld und Wald.
- Der Hund mit der höchsten Punktzahl ist „Suchsieger", bei Punktgleichheit von mehreren Hunden wird dem Hund mit der kürzesten Zeit bei den „Verlorensuchen" der „Suchsieg" zugesprochen.

Lassen Sie sich nicht nervös machen, wenn Sie beim Erreichen der Ausstellung nicht gleich den Ring oder Ihren Platz finden. Bleiben Sie ruhig, damit sich Ihre Aufregung nicht auf den Hund überträgt.

Gehorsam ohne Wildberührung und seine allgemeine Wesensfestigkeit zu beurteilen. Die BLP-R wird möglichst im Herbst, an einem Tag durchgeführt. Die Fächer werden nach der überholten Prüfungsordnung für die BLP-R und der jeweils gültigen VGPO durchgeführt. Die Laufzeit dieser neuen Prüfungsordnung beträgt vier Jahre. Zu prüfen sind folgende Bereiche:

I. Feldarbeit

II. Waldarbeit

III. Wasserarbeit

IV. Gehorsam

V. Bringen

VI. Arbeitsfreude

Zur Ausführung der Fächer gilt die VGPO mit folgenden Ausnahmen:

Ihr Hund sollte sich in Standposition ruhig vom Richter begutachten lassen.

139

Manche Hunde sind ein wenig ängstlich, wenn der Richter sie als fremde Person anfasst oder sich die Zähne ansehen will. Gewöhnen Sie Ihren Hund rechtzeitig daran, damit Sie dem Richter einen ausgeglichenen Hund präsentieren können.

Anmerkung:
Das Bestehen der Bringleistungsprüfung berechtigt zur Meldung in den Gebrauchshundeklassen bei internationalen, nationalen und klubinternen Schauen.

SpJGP/R – Spezial-Jagdgebrauchshundprüfung für Retriever
(Dr. Heraeus Prüfung)
Die Dr. Heraeus-Prüfung ist eine Leistungsprüfung des LCD mit hohen Anforderungen an die Lenkbarkeit, Spurwilligkeit und Apportierfähigkeit des Retrievers. Sie trägt ihren Namen nach dem Ehrenpräsidenten des DRC: Dr. H. W. Heraeus. Zu dieser Prüfung werden Retriever mit bestandener BLP oder LGP/R zugelassen: Die Prüfung wird möglichst im Herbst an einem Tag durchgeführt. Die Fächer werden nach der überholten Prüfungsordnung für die VGPO durch-

geprüft. Die Laufzeit dieser neuen Prüfungsordnung beträgt vier Jahre. Folgende Fächer sind zu prüfen:

I. Haarwildschleppe

II. Einweisen auf zwei Stück Federwild

III. Verlorensuche aus tiefem Schilfwasser bzw. Uferdickicht

IV. Einweisen über ein Gewässer auf eine Schleppspur

V. Bringen
a) Kaninchen,
b) Fasan,
c) Ente

VI. Lenkbarkeit

VII. Arbeitsfreude

JGP/R – Jagdgebrauchshundprüfung für Retriever
Die Jagdgebrauchshundprüfung für Retriever ist an die Verbands-Jagdgebrauchshundprüfung des JGHV angelehnt. Sie ist die Meisterprüfung für gut ausgebildete Retriever, die schon ausreichende Jagderfahrung in der Praxis erworben haben. Zuchthunde, die eine JGP/R bestanden haben, sind eine vor-

Klasseneinteilung
Sofern Ihr Labrador Retriever eine FCI-Ahnentafel besitzt, sind Sie berechtigt, an allen FCI-Ausstellungen teilzunehmen. Auf Ausstellungen gibt es verschiedene Klasseneinteilungen, die nach Rüden und Hündinnen getrennt sind. Das Richten beginnt stets mit den Rüden, sofern nicht ein zweiter Richter für die Hündinnen benannt wurde. Die Einteilung der Hunde erfolgt nach Geschlechtern getrennt in verschiedene Klassen. Beginnend mit der Jüngstenklasse (sechs bis neun Monate) über Spezialkategorien wie die Gebrauchshundklasse bis zur Veteranenklasse (ab acht Jahren).

zügliche Voraussetzung für jagdliche Leistungszucht und dienen den Welpenkäufern als Qualitätsmerkmal bei den Elterntieren. Prüfungsfächer sind in vier Fachgruppen zusammengefasst:

I. Waldarbeit

II. Wasserarbeit

III. Feldarbeit

IV. Gehorsam

V. Arbeitsfreude

Agility

Sogenannte Agility Trials fanden 1977 in England ihren Anfang und erfreuen sich zwischenzeitlich in aller Welt größter Beliebtheit. Agility Prüfungen werden in Deutschland nach internationalen Agility-Regeln der FCI durchgeführt. Die Zuerkennung des FCI-Agility-Diploms berechtigt für die Auswahl der nationalen Prüfungen und die Weltmeisterschaft der Agility der FCI. Sie ist eine Disziplin, die allen Hunden offen steht, sofern Sie in einem FCI-anerkannten Zuchtbuch eingetragen sind und älter als 15 Monate sind. Hier soll das Zusammenspiel zwischen Hundebesitzer und Hund durch erzieherischen und sportliches Spiel gefördert werden. Voraussetzung für die Teilnahme am Agility Training ist eine erfolgreiche Grundausbildung beim Hund. Das Training erfordert ebenso für den Besitzer als auch für den Hund beste Kondition und Ausdauer. Die Freude an der engen Teamarbeit stärkt das Vertrauen und gemeinsame Erfolge steigern das Selbstbewusstsein des Hundes. Auf dem Agility-Parcour müssen Hindernisse wie

- Hürden
- Wippe
- Reifen
- Viadukt oder Mauer
- Schrägwand
- Weitsprung
- Tisch
- Slalom
- Wassergraben
- Laufsteg
- festen Tunnel
- Sack-Stofftunnel

überwunden werden. Die Hindernisse dürfen keine Gefahr für den Hund darstellen und das Training sollte nie unter Zwang erfolgen. Für beide, Hund und Hundeführer, sollte es stets großen Spaß bereiten.

FCI – Fédération Cynologique Internationale

Die Fédération Cynologique Internationale wurde 1911 in Paris von den kynologischen Verbänden Belgiens, Deutschlands, Frankreichs, Hollands und Öster-

Die Ausbildung im Agility Training sollte Ihren Hund nicht dazu verleiten, dass er auch zu Hause den Tisch erklimmt!

reichs gegründet und ist heute der internationale Dachverband für 49 föderierte Dachverbände (sozusagen Vollmitglieder) 26 assoziierte Verbände, und vier nationale Verbände, mit denen ein Partnerschaftsvertrag abgeschlossen wurde (Stand 1998). Der Sitz der FCI befindet sich in Thuin / Belgien. Die FCI widmet sich verschiedenen Aufgaben: Sie regelt das internationale Zuchtrecht, sichert die Standardhoheit des Mutterlandes einer Rasse, ist für die Anerkennung neuer Rassen zuständig und regelt das Ausstellungs- und das Richterwesen.

So melden Sie Ihren Hund für eine Ausstellung an

1. Fordern Sie einen Ausstellungskalender und Meldeformulare vom jeweiligen Rassehundeclub an

2. Wählen Sie die Klasse, in der Sie Ihren Hund vorstellen möchten

3. Senden Sie die Meldeformulare rechtzeitig vor Anmeldeschluss mit dem Meldegeld zurück.

Zu den wichtigen Titelschauen der FCI, die jährlich in wechselnden Mitgliedsländern abgehalten werden, werden Hunde aus oft bis zu dreißig europäischen und außereuropäischen Ländern gemeldet. Aufwändige Einreisebeschränkungen für Hunde nach England, Irland und Australien erschweren derzeit die Teilnahme von Hunden aus diesen Ländern noch erheblich, nach Norwegen und Schweden ist es ein wenig leichter, hat aber doch deutliche Vorbedingungen.

Jährlicher Höhepunkt ist die Weltsiegerschau, die in wechselnden Ländern veranstaltet wird. Hunde aus aller Welt – es waren in guten Jahren schon über 15 000 gemeldet – konkurrieren um die Titel „Weltsieger" und „Weltjugendsieger".

Wichtige Adressen

Verband für das
Deutsche Hundewesen e. V. (VDH)
Westfalendamm 174
44041 Dortmund
www.vdh.de

Deutscher Retriever Club e. V.
Dörnhagener Str. 13
34302 Guxhaven
www.drc-online.org

Labrador Club Deutschland e.V.
Auf der Heide 1
41462 Neuss
www.labrador.de

Fédération Cynologique
Internationale (FCI)
14, rue Leopold II,
B–6530 Thuin, Belgium
www.fci.be

The Kennel Club
1-5 Clarges St., Piccadilly,
London W1Y 8AB, UK
www.the-kennel-club.org.uk

Das Verhalten Ihres Labrador Retrievers

Sie waren auf der Suche nach einem Hund, der zu Ihnen und Ihrer Familie passt, und haben sich für einen Labrador Retriever entschieden. Ihr Hund ist Ihr Begleiter, Freund und natürlich ein vollwertiges Familienmitglied auf vier Pfoten. Sie müssen Zeit in die Erziehung und Geld in den Unterhalt Ihres Familienzuwachses investieren. Natürlich soll sich Ihr Hund perfekt verhalten – zumindest so perfekt, wie es bei einem Hund geht.

Denken wie ein Hund

Hunde „denken" nicht wie Menschen, und Menschen können nicht wie Hunde denken, auch wenn sie es versuchen. Unglücklicherweise ist ein Hund auch nicht dazu in der Lage, herauszufinden, wie ein Mensch denkt – also ist es Sache des Hundebesitzers, Hundeverstand zu entwickeln. Hunde können Dinge nicht rational erklären, sie leben ausschließlich im jeweiligen Moment. Viele Hundebesitzer machen bei der Erziehung des Hundes den Fehler, ihn für irgend etwas auszuschimpfen, was er schon vor einiger Zeit getan hat. Im Grunde genommen kann man einen Hund aber nicht einmal für das Strafen, was er nur zwanzig Sekunden vorher angerichtet hat! Entweder Sie erwischen ihn in genau dem Moment, in dem er sich daneben benimmt – oder Sie schlucken Ihren Ärger hinunter. Es bringt weder Ihnen noch ihm etwas, wenn Sie ihn später strafen – er würde sich nämlich nur für das bestraft fühlen, was er genau im Moment der Bestrafung macht.

Die in den nachfolgenden Abschnitten genannten Verhaltensprobleme stehen stellvertetend für viele, mit denen Hundebesitzer konfrontiert werden. Jeder Hund ist anders, und keine Situation gleicht der anderen. Kein Autor wird

Ihr Labrador Retriever wird den Dummy aufgeregt apportieren. Macht er es um Ihnen zu gefallen oder zu seiner eigenen Freude? Wer kann wissen, was ein Hund denkt!

behaupten, dass Sie Probleme mit Ihrem Hund durch das Lesen eines Buchs lösen können. Wir wollen versuchen, die gängigsten Verhaltensweisen (die „Sprache" des Hundes) zu erläutern, damit Sie mit eventuellen Verhaltensauffälligkeiten ihres Hundes besser umgehen können. Zudem kann es nützlich sein, diese Verhaltensprobleme mit dem Tierarzt zu besprechen. Verhaltensprobleme sind die häufigste Ursache dafür, dass Hunde vernachlässigt, ins Tierheim abgeschoben oder gar misshandelt werden. Wir hoffen, dass Sie nichts unversucht lassen werden, um auftretende Probleme mit Geduld und Verständnis in den Griff zu bekommen.

> **Wussten Sie schon?**
> Verhaltensforscher unterteilen aggressives Verhalten in viele Bereiche. Dazu gehören Scheuheit, gesteigerte Sexualität, Schutztrieb etc. Aggressives Verhalten kann auch verschiedene Krankheiten als Ursache haben, wie Schilddrüsenüberfunktion, Hormonschwankungen, Epilepsie etc. Eine genaue Diagnose müssen Sie in jedem Fall Ihrem Tierarzt überlassen.

Aggressivität

Auch wenn sicher niemand auf die Idee käme, den Labrador Retriever als eine böse oder gefährliche Rasse zu bezeichnen, ist Agressivität immer ein wichtiges Thema bei der Hundehaltung. Kaum ein Hund ist von Natur aus aggressiv, aber Hunde jeder Rasse können sich aus den unterschiedlichsten Gründen zu aggressiven Hunden entwickeln.

Unkontrollierte Aggression kann immer gefährlich werden. Aggressives Verhalten darf nicht toleriert werden! Es ist nicht nur unerwünscht, sondern ein Risiko für die Sicherheit. Ein aggressiver Hund – egal wie groß er ist – kann völlig ohne Vorwarnung andere Menschen oder Hunde angreifen, anknurren oder gar beißen. Für die Halter ist es schmerzlich mit anzusehen, wenn ihr Hund zunehmend unberechenbar wird und sie schließlich vor ihm Angst haben müssen. Es ist zwar nicht jedes aggressive Verhalten gefährlich, aber Knurren, Zähnefletschen usw. kann sehr Furcht einflößend sein. Es ist wichtig zu klären, warum ein Hund in dieser Weise reagiert.

Die meisten Labrador Retriever sind äußerst freundliche Hunde. Wenn ihm allerdings sein Revier streitig gemacht wird, dann kann er seine Präsenz sehr deutlich zum Ausdruck bringen!

Das Beste in so einem Fall ist es, sich an einen Verhaltensexperten zu wenden, der in diesem Bereich Erfahrung hat. So kann man den Grund für die Aggressivität herausfinden und versuchen, etwas dagegen zu tun. Einem aggressiven Hund kann man nicht trauen, und ein Hund, dem man nicht trauen kann, ist eine Gefahr für die Familie. Falls Sie der Meinung sind, dass Ihr Hund aufgrund seines Verhaltens untragbar geworden ist, möchten Sie für ihn vielleicht ein

Reizen Sie keinen aggressiven Hund. Die Aggression könnte sich gegen Sie wenden. Bewahren Sie in solchen Situationen immer Ruhe!

Aggressivität kann ein Zeichen von Dominanz sein – aber nicht der Hund, sondern Sie haben das Sagen –, sie kann aber auch aus einer Angst heraus entstehen. Es ist wichtig, einen aggressiven Hund nicht zu provozieren, denn dies könnte einen Angriff auslösen. Achten Sie auf die Körpersprache Ihres Labrador Retriever. Nimmt er direkten Blickkontakt auf und starrt Sie an? Versucht er, größer auszusehen, zeigt er aufgestellte Ohren, gesträubte Haare, aufrechte Haltung und eine aufgerichtete Rute? Dieses Verhalten gehört zum Imponierverhalten unter Hunden und soll den Gegner beeindrucken. Ihr Hund hält sich anscheinend für den Anführer – ein Problem, das von Ihnen gelöst werden muss!

Ein aggressiver Hund ist unberechenbar, man weiß nie, wann er aggressiv reagiert und was er dann tut. Man kann oft nicht verstehen, dass ein Hund gerade noch verspielt und liebenswert ist, im nächsten Moment jedoch knurrt oder nach jemandem schnappt.

Achten Sie darauf!

Hunde und Menschen sind die einzigen Lebewesen, die lachen können. Hunde imitieren das Lächeln Ihres

Besitzers wenn Sie ihn begrüßen. Der Hund lächelt nur bei Menschen, niemals bei anderen Tieren. Er zieht dabei die Lefzen zurück und zeigt freundlich seine Zähne. Über seinem Fang kräuseln sich Falten und er wedelt voller Freude mit seiner Rute.

Sie können die Stimmung Ihres Labrador Retrievers an seinem Gesicht ablesen. Was dieser schokofarbene Labrador allerdings denkt, ist schwer zu erraten!

lernen, glaubt vermutlich, er sei der einzige Hund auf Erden. So ein Hund kann sich so dominant fühlt, dass er nicht die leisesten Anzeichen von Angst oder Drohgebärden zeigt. Ohne Knurren oder andere Warnsignale stürzt er sich auf den vermeintlichen Rivalen.

Versuchen Sie, ihn an andere Hunde zu gewöhnen. Lassen Sie ihn beim Spaziergang angeleint. Ziehen Sie ihn beim geringsten Zeichen von Aggression zurück und schimpfen ihn gehörig aus! Loben Sie ihn, wenn er einen fremden Hund ignoriert oder gar akzeptiert hat. Behalten Sie dies bei, bis er sein aggressives Benehmen ablegt und gelernt hat, dass andere Hunde zu tolerieren sind.

Dominante Aggression

In einem wildlebenden Hunderudel gibt es eine festgefügte hierarchische Struktur. Jeder Hund versucht einerseits die rangmäßig unter ihm stehenden Artgenossen zu beherrschen, andererseits den übergeordneten zu gefallen. Hunde wissen instinktiv, dass es einen Leithund geben muss. Wenn Sie in Ihrem Rudel nicht das Leittier sind, beansprucht unweigerlich ein anderer den Thron! Mit solchen angeborenen Machtbestrebungen sieht sich fast jeder Hundebesitzer bei der Erziehung seines Hundes konfrontiert. Indem Sie Ihrem Hund beibringen, bestimmte Kommandos zu befolgen, untermauern Sie faktisch Ihre Führungsposition. Der Hund führt Ihre Befehle aus, denn er will Ihnen gefallen. So unterdrücken Sie seinen eigenen Drang zu dominieren im Keim, denn Sie bestimmen sein Verhalten und leiten ihn zum Gehorsam an.

neues, geeigneteres Zuhause suchen. Erklären Sie dem neuen Besitzer genau Ihre Probleme und warum Sie den Hund abgeben möchten, damit er weiß, was auf ihn zukommt. In schweren Fällen von krankhafter Aggressivität bleibt manchmal nur das Einschläfern.

Aggression gegen Hunde

In den meisten Fällen ist aggressives Verhalten eines Hundes gegenüber Artgenossen das Ergebnis mangelnder Kontakte zu anderen Hunden im frühen Alter. Machen ihn andere Hunde nervös und aufgeregt, weil er deren Gegenwart nicht gewöhnt ist, geht er möglicherweise auf sie los, um sich zu schützen, auch wenn dieses Verhalten für einen Labrador Retriever sehr untypisch ist. Ein Hund, der nie die Chance gehabt hat, im Rudel normales Hundeverhalten zu

Ein wichtiger Faktor in diesem Training ist, ihm eindeutig zu zeigen, wer der Herr im Haus ist. Schon die einfache Anordnung „Sitz!", zeigt ihm, dass Sie bestimmen, wann gefressen wird, und dass er von Ihnen abhängig ist. Auch wenn es häufig bestimmt sehr schwierig ist, sollten Sie nicht jedesmal nachgeben, wenn Ihr Hund Ihnen durch sein Jaulen oder seinen schmachtenden Blick zu verstehen gibt, dass er etwas will!

All dies verdeutlicht ihm tagtäglich, dass sein Rang im Familienrudel ziemlich weit unten ist. Aber dies ist keine Tierquälerei! Setzen Sie sich nie mit Brutalität oder Grausamkeit durch! Behandeln Sie Ihren Labrador Retriever liebevoll und achtsam, denn Sie haben sich den Hund nicht zugelegt, um ihn zu unterdrücken! Die Hundeerziehung hat nichts mit dem Ausleben sadistischer Neigungen oder Machtgefühlen zu tun; sie dient ausschließlich dazu, das Verhalten des Hundes mit viel Einfühlungsvermögen in die richtigen Bahnen zu lenken. Theoretisch klingt es sehr einfach: Wenn Sie ihn bei einem erwünschten Verhalten erwischen, belohnen Sie ihn sofort. Er darf in diesem Moment natürlich nicht von einem anderen Hund abgelenkt sein. Dennoch: Positive Bestärkung wirkt am besten.

Bei einem sehr dominanten Hund können Bestrafung und Unterdrückung das Gegenteil dessen bewirken, was sie eigentlich bezwecken sollen. Er könnte mit Angst und Aggressivität reagieren, wenn er sich in die Enge getrieben fühlt. Erinnern Sie sich: Ein dominanter Hund sieht sich selbst auf der obersten Stufe der sozialen Rangordnung, und diesen

Achten Sie darauf!

Zeigt ein erwachsener Hund Furcht, dann ist dies oftmals das Ergebnis einer ungenügenden Sozialisation bereits beim Züchter oder rührt von einem traumatischen Erlebnis im frühen Welpenalter her, das er bis heute in Erinnerung behält. Manchmal kann man bei dem Hund auch völlig ungewollt die Erinnerung an ein negatives Erlebnis auslösen. Wenn er dieser Situation später noch einmal ausgesetzt ist, erinnert er sich daran und kann aggressiv reagieren, ohne dass Sie den Grund dafür kennen.

Platz gibt er nicht kampflos auf. Der beste Weg, dies zu vermeiden, ist, ihm niemals Anlass zu geben, sich für den Leithund zu halten. Wenn Sie trotzdem Probleme mit Ihrer Autorität haben und Ihr Hund Sie ständig zum Kampf um die Rudelführung auffordert, sollten Sie die Hilfe eines erfahrenen Hundeausbilders in Anspruch nehmen. Er wird Ihnen erfolgversprechende Übungen zeigen, die Sie auch zu Hause anwenden können. Hüten Sie sich vor Ausbildern, die ihr Ziel ausschließlich mit Härte erreichen wollen: Bestrafung ist zwar hier und da notwendig, aber die Mittel der Wahl in der Hundeerziehung sind Lob und positive Verstärkung.

Beobachten Sie das Verhalten Ihres Labrador Retriever sowohl Menschen als auch Artgenossen gegenüber und versuchen Sie herauszufinden, was die Angstreaktion bei ihm auslöst; so können Sie mit ihm trainieren, in den entsprechenden Situationen selbstsicherer zu reagieren. Loben Sie ihn überschwänglich, wenn er sich richtig verhält. Bei den geringsten Anzeichen von Aggression schimpfen Sie ihn aus und führen ihn weg. Verhindern Sie, dass fremde Menschen sich ihm nähern und ihn anfassen, ohne vorher um Erlaubnis gefragt zu haben. Lassen Sie ihn in jedem Fall zunächst „Sitz" machen, bevor er gestreichelt wird, und loben Sie ihn, wenn er sich gut benimmt. So arbeiten Sie fast nur mit Lob und Belohnung. Indem Sie sanft und ruhig mit ihm umgehen und bei seinen Kontakten mit Anderen auf ihn achten, zeigen Sie ihm, dass kein Grund für Angst oder Abwehrverhalten besteht.

Sexualverhalten

Hunde zeigen bestimmte geschlechtsabhängige Verhaltensweisen; vielleicht haben diese seinerzeit sogar Ihre Entscheidung beeinflusst, einen Rüden oder

Jeder Hund braucht etwas, woran er knabbern darf.

eine Hündin zu erwerben. Diese Verhaltensmerkmale verschwinden mit der Kastration eines Hundes – zumindest größtenteils. Wenn Sie sich aber dazu entschlossen haben, mit Ihrem Hund zu züchten oder ihn aus anderen Gründen nicht kastrieren lassen wollen, müssen Sie wissen, womit Sie das ganze Hundeleben lang konfrontiert sein werden.

Hündinnen haben gewöhnlich zwei Läufigkeiten im Jahr, die jeweils ungefähr drei Wochen andauern. Nur während dieser Zeit wird sich eine Hündin decken lassen, gewöhnlich nicht vor der zweiten Woche. Wenn eine Hündin nicht gedeckt worden ist, kommt es nicht selten zu einer Scheinträchtigkeit, in der die Milchdrüsen anschwellen und sie anfängt, Spielzeuge oder andere Dinge zu bemuttern.

Besitzer von Rüden müssen sich darüber im Klaren sein, dass das dem Deckakt nachempfundene „Aufreiten" nicht nur Zeichen des Sexualtriebs ist, sondern auch ausgesprochenes Dominanzverhalten ausdrückt. Mit Konsequenz und Beharrlichkeit gelingt es jedoch meist, Rüden von solchen Aktionen abzubringen.

Kaudrang

Die liebste Freizeitbeschäftigung aller Hunde ist das Kauen! Jeder Hund gräbt mit Begeisterung seine Zähne in einen schmackhaften Knochen – weniger angenehm ist die Angelegenheit aber, wenn dieser Knochen zur Hand des Hundebesitzers gehört! Hunde müssen kauen; das hilft ihnen bei der Massage des Zahnfleisches, beim Umzahnen und bei der Kräftigung der Kiefermuskulatur; es ist ein tief verwurzelter, natürlicher Instinkt. Unsere Aufgabe als Hundebesitzer besteht keinesfalls darin, diesen Kaudrang zu unterdrücken, sondern darin ihn auf geeignete Kauobjekte umzulenken. Informieren Sie sich gründlich und erwerben Sie für Ihren Labrador Retriever geeignetes Kauspielzeug. Seien Sie sehr wählerisch und kaufen Sie nur sichere, haltbare Gegenstände, von denen Ihr Hund nichts abbeißen und dann verschlucken kann – seine Gesundheit hat höchste Priorität.

Es liegt ausschließlich in Ihrer Verantwortung, Ihr Haus „hundesicher" zu machen. Stellen Sie Ihre Schuhe, Ihre Handtasche und alle anderen „leckeren" Gegenstände an geeignete Plätze außerhalb der Reichweite forschender Hundeschnauzen. Zeigen Sie Ihrem Welpen

Geben Sie Ihrem Hund nur geeignete Kauartikel.

Wussten Sie schon?

Viele Rüden, ob kastriert oder nicht, klammern sich in ihrem übersteigerten Sexualtrieb an ein Kissen oder, zu Ihrem großen Entsetzen, an das Bein Ihres Nachbarn. Wie bei anderen unerwünschten Verhaltensweisen muss auch dies getadelt werden. Es ist allerdings oft schwierig, dieses Verhalten zu korrigieren. Während bei einem Welpen die ersten Versuche sofort vom Besitzer unterbunden werden können, ist das Verhalten einem erwachsenen Hund schwieriger abzugewöhnen. Einen Rüden mit gesteigertem Sexualverhalten zu kastrieren, führt nicht immer zum Erfolg. Dieses sogenannte Aufreiten ist oftmals auch ein Zeichen von Dominanz. In solch einem Fall zweifelt der Hund Ihre höhere Rangstellung an.

Kauspielzeug. Sorgen Sie dafür, dass er sich mindestens vier Minuten damit beschäftigt, während Sie ihn loben und ermutigen.

Im Fachhandel erhalten Sie spezielle Mittel, die scheußlich schmecken und auf Dinge aufgetragen werden können, die Ihr Hund nicht anknabbern darf. Aber nicht alle Hunde lassen sich davon wirklich abschrecken!

Anspringen

Eigentlich ist das Anspringen für Ihren Hund die freundlichste Form der Begrüßung. Einige Hundebesitzer stört es auch nicht, von ihrem vierbeinigen Hund angesprungen zu werden. Das ist in Ordnung. Zum Problem wird dieses Verhalten erst dann, wenn Gäste kommen, die der Hund auf die gleiche umwerfende Art begrüßt – ob sie wollen oder nicht! Wie freundlich diese Begrüßung auch gemeint ist – die Chancen stehen gut, dass Ihre Gäste nicht begeistert sind, von den Krallen Ihres stürmischen Labrador Retriever die Strümpfe zerris-

sein Kauspielzeug, sobald Sie sehen, dass er sich an Ihrem Mobiliar oder an anderen verbotenen Gegenständen versucht. Mit einem lauten „Nein!" ziehen Sie seine Aufmerksamkeit auf sich, und dann bringen Sie ihn sofort zu seinem

sen zu bekommen oder seinen Pfotenabdruck auf der hellen Anzughose wiederzufinden. Natürlich kann der Hund nicht unterscheiden, wen er anspringen darf und wen nicht – deshalb ist es das Beste, dieses Verhalten grundsätzlich zu unterbinden.

Überlegen Sie sich ein geeignetes Kommando – beispielsweise „Lass das!" – und verwenden Sie es immer dann, wenn er Anstalten macht, Sie anzuspringen. Bringen Sie ihn dazu, alle vier Pfoten zurück auf den Boden zu stellen, und lassen Sie ihn „Sitz" machen; dabei loben Sie ihn. Überschütten Sie ihn mit Lob und Streicheleinheiten, wenn er sitzt. Dann hocken Sie sich zu Ihrem Hund nieder und begrüßen ihn herzlich und liebevoll und zeigen ihm so, dass Sie sich mindestens ebenso freuen wie er.

Ein Labrador begrüßt seinen Besitzer oft mit „Anspringen" nur um „Hallo" zu sagen.

Buddeln

Für Hunde ist das Buddeln in der Erde eine ganz natürliche Verhaltensweise, auch wenn es manchen Menschen als destruktives Verhalten erscheint.

Auch wenn Ihr Labrador Retriever nicht der Terrierfamilie angehört, kommt manchmal eine gewisse Grabeleidenschaft zum Vorschein und kann für Sie als stolzen Gartenbesitzer ziemlich frustrierend sein. Wenn Ihr Hund im Garten buddelt, lebt er ganz normal einen angeborenen, natürlichen Instinkt aus. In der Wildnis bestünden die Aktivitäten eines Hunde in der Futtersuche, im Höhlenbau und vielem mehr. All dies haben Sie ihm abgenommen: Sie sorgen für sein Futter und für seine Unterbringung, er muss seine Pfoten also hierfür nicht mehr gebrauchen und lässt seine Energie anderweitig ab, indem überall im Rasen und auf den Blumenbeeten Löcher gräbt. Vielleicht gräbt Ihr Hund auch aus Langeweile – so wie Sie vor dem Fernseher eine ganze Tüte Chips vertilgen, nur weil sie halt gerade da sind und Sie gerade sowieso nichts besseres zu tun haben. Schaffen Sie Abhilfe, indem Sie viel mit dem Hund spielen und ihm genügend Auslauf verschaffen. Damit beschäftigen Sie seinen Kopf und seine Pfoten. Er hat das Gefühl, etwas Sinnvolles zu tun. Auch das Graben unterbindet man am besten, wenn man so früh wie möglich einschreitet. Es ist jedoch gar nicht so einfach, den Hund auf frischer Tat zu ertappen, besonders wenn er tagsüber längere Zeit allein im Garten ist. Wenn Ihr Hund schon fast zwanghaft gräbt und sich durch andere Beschäftigungen kaum ablenken lässt, sollten Sie ein Stück

Ihres Gartens abteilen, in dem er sich nach Herzenslust austoben kann. Wenn Sie ihn dann beim Graben in einem verbotenen Bereich erwischen, bringen Sie ihn sofort zu seiner Grabezone und loben Sie ihn, wenn er sich dort betätigt. Haben Sie ein wachsames Auge auf ihn, damit Sie ihn auf frischer Tat ertappen können – dies ist wirklich der einzige Weg, ihm beizubringen, was erlaubt ist und was nicht. Wenn Sie ihn zu einem Loch im Tulpenbeet bringen, das er vor einer Stunde gegraben hat, und „Nein!" sagen, heißt das für ihn nur, dass Sie weder Löcher noch Tulpen oder Schmutz mögen. Er fragt sich: Wo ist das Problem? Wenn Sie ihm aber beim Graben im Tulpenbeet ermahnen, wird er Ihr Anliegen verstehen.

Bellen

Hunde können nicht sprechen – was würden Sie uns wohl alles sagen, wenn Sie könnten? Stattdessen versuchen Sie, uns durch ihr Bellen verständlich zu machen, was sie möchten. Und das ist nicht immer leicht! Ist unser Hund nun aufgeregt, glücklich, verängstigt oder ärgerlich? Was immer er uns auch zu sagen hat: Sie sollten ihn nicht für sein Bellen bestrafen. Nur wenn das Bellen ausufert und letztlich zur schlechten Angewohnheit wird, muss dieses Verhalten geändert werden. Labrador Retriever bellen glücklicherweise weitaus weniger als viele andere Hunderassen.

Nehmen Sie an, ein Einbrecher würde mitten in der Nacht in Ihr Haus eindringen, und Ihr Hund würde ihn durch sein Gebell verscheuchen – wäre das nicht ein Grund zur Freude? Er wäre ver-

mutlich Ihr Held, ein wundervoller Wächter und Beschützer des Hauses.
Andererseits: Wenn ein Freund Sie unerwartet besucht, an der Tür klingelt und Ihr Hund darauf mit lautem Gebell reagiert, ärgern Sie sich vermutlich über ihn, obwohl er sich doch im Grunde nicht anders verhält als im Fall des Einbrechers. Er weiß es einfach nicht besser! Und wenn nicht gerade gute Bekannte

> ### Wussten Sie schon?
> Um übersteigertes Bellverhalten einzuschränken, genügt es meist, dem Hund das Kommando „Ruhe" oder Ähnliches beizubringen. Wenn jemand Fremdes an die Haustür kommt und der Hund bellt kurz, loben Sie ihn dafür! Sprechen Sie sanft und wenn er sein bellen unterbricht, sagen Sie „Ruhe" und loben ihn weiter. Auf diese Weise erlauben Sie ihm ein instinktives Bellen als Warnung. Nach kurzem „Anschlagen" fordern Sie ihn auf Ruhe zu geben.

vor der Tür stehen, die er ohnehin mag, bellt er eben, um lautstark zu verkünden, dass sein (und Ihr) Territorium bedroht ist. Auch dass Ihr Freund objektiv keine Bedrohung ist, ändert nichts. Bellen ist seine Art, Ihnen mitzuteilen, dass sich ein Eindringling auf Ihrem Grund und Boden befindet, egal ob Freund oder Feind. Dieses Bellen ist Folge seines natürlichen Schutzinstinktes und sollte keinesfalls unterdrückt werden.
Permanentes Bellen um des Bellens willen ist allerdings ein Problem, dessen Lösung frühzeitig in Angriff genommen

werden muss. Mit der Zeit haben Sie Ihren jungen Labrador Retriever so gut kennengelernt, dass Sie genau einschätzen können, ob er aus gutem Grund bellt oder nicht. Sie sind sicher in der Lage, die verschiedenen Arten seines Bellens genau zu unterscheiden. Beispielsweise ist sein Gebell, wenn jemand an die Tür kommt, völlig anders als das Freudengebell, wenn er Sie sieht. Das ist nicht anders als bei der menschlichen Stimme, wobei der Hund sich eben ausschließlich durch seinen Tonfall artikuliert, da er keine Worte gebrauchen kann. Einen Dauerkläffer wird man jedenfalls schon in frühem Alter erkennen.

Machen Sie übrigens nicht den Fehler, Ihren Hund unbedacht zum Dauerbellen zu ermutigen! Wenn er beispielsweise mehrere Minuten ununterbrochen bellt und Sie ihm (in bester Absicht) ein Leckerchen geben, damit er ruhig ist, glaubt er natürlich, dass Sie ihn für sein Bellen belohnen! Er wird sein Gekläffe mit dem Leckerbissen assoziieren und es immer wieder neu beginnen, damit Sie ihn belohnen.

Futterdiebstahl

Sucht Ihr Hund nach Möglichkeiten, wie er in Ihrer Küche Lebensmittel stehlen kann? Wenn ja, müssen Sie sich zunächst einige Fragen stellen. Hat Ihr Labrador Retriever ganz einfach Hunger, oder ist er wie fast alle Hunde ständig hungrig? Und warum stehen die Lebensmittel überhaupt für den Hund in erreichbarer Nähe? Sehen Sie den Tatsachen ins Auge: Manche Hunde sind einfach verfressener als andere. Sie haben nichts anderes im Sinn als ihre nächste Mahlzeit. Zudem ist Futterdiebstahl ein herrlicher Spaß, an dessen Ende immer eine tolle Belohnung wartet: Futter!

Um Ihren Hund nicht unnötig in Versuchung zu führen, lassen Sie kein Essen in seiner Reichweite stehen. Weisen Sie Ihren Hund nur dann zurecht, wenn Sie ihn beim Stehlen erwischen und nicht, wenn Sie es erst später bemerken. Diese verspätete Zurechtweisung kann er nicht mehr mit seiner Tat in Zusammenhang bringen und wird nur verwirrt. Manche Hundetrainer empfehlen, dem Hund den Diebstahl zu verleiden, indem Sie in die vermeindlich mit Lebensmittel gefüllte Schüssel beispielsweise laut zu Boden fallende Löffel tun. Eine Methode, über die man sicher geteilter Meinung sein darf.

Betteln

Für Welpen ist das Betteln eine ebenso selbstverständliche Leidenschaft wie für erwachsene Hunde der Futter-Klau, mit dem gleichen Ergebnis: Futter! Hunde lernen sehr schnell, dass Menschen das „beste Futter" für sich behalten, und sich nicht ausschließlich von Trockenfutter ernähren. Küchengeräusche wie das Öffnen von Dosen und Flaschen, das Knistern von Tüten und der verlockende Duft des auf dem Herd brutzelnden Bratens wecken den Vielfraß in Ihrem Hund, und schon strecken sich die Pfoten bettelnd in die Luft!

Seien Sie konsequent und geben Sie seinem Betteln niemals nach! Durch Ihr Nachgeben belohnen Sie ihn für sein Männchenmachen, sein Hochspringen, sein Fiepen und sein Nasestupsen. Indem sie sein Betteln konsequent ignorieren, werden Sie diese Unart letztendlich unterdrücken. Bis dahin kann kann sein Betteln durchaus schlimmer werden, denn so leicht gibt ein Labrador Retriever nicht auf. Es ist auch schlecht, wenn ein Mitglied Ihrer Familie besonders weichherzig ist und Ihrer armen, kleinen Nervensäge nicht widerstehen kann, wenn sie weint: „Ich will noch mehr!".

Trennungsangst

Wenn Ihr Labrador Retriever allein zu Hause bleiben muss, drückt er sein Missvergnügen vielleicht durch Heulen, Fiepen oder andere Laute aus. Dies ist besonders bei jungen Hunden ganz normal, aber es gibt einige Möglichkeiten, dieses Verhalten unter Kontrolle zu bringen. Ihr Hund muss lernen, dass es ihm auch während Ihrer Abwesenheit gut geht, und er keineswegs jede Minute des Tages im Mittelpunkt Ihres Interesses stehen kann. Wenn Sie Ihren Hund den ganzen Tag lang ununterbrochen verhätscheln und knuddeln, ist es kein Wunder, wenn er dies stetig von Ihnen erwartet. So wird es für ihn um so traumatischer, wenn Sie einmal nicht da sind. Schon haben Sie Ihren Hund – ohne böse Absicht – zu seiner Trennungsangst erzogen. Natürlich genießen Sie Ihre Zeit mit ihm und er blüht unter Ihrer Liebe und Zuwendung auf. Aber dies darf keinesfalls zu so starker Abhängigkeit führen, dass sein Herz bricht, wenn Sie ihn einmal allein lassen müssen! Sie minimieren Trennungsängste am besten, wenn Sie so selbstverständlich wie möglich weggehen und ebenso normal wiederkommen. Verabschieden Sie sich hingegen lang und breit von

Ihrem Hund, und überschütten Sie ihn auch bei Ihrer Wiederkehr mit Umarmungen und Küssen, wird das nur sein Streben nach Ihrer Aufmerksamkeit verstärken und ihn Ihre Abwesenheit und somit die Abwesenheit der Streicheleinheiten um so schlimmer wahrnehmen lassen.

Sie können Ihrem Hund auch ein Leckerchen geben, wenn Sie weggehen. Dies wird ihn für eine Weile beschäftigen und

> ### Wussten Sie schon?
> Die Anzahl der unter Einsamkeit oder Trennung leidenden Hunde wird immer größer. Mehr und mehr Hundebesitzer gehen einer ganztägigen Beschäftigung nach und finden kaum noch genügend Zeit für ihren Hund. Hier sollte bereits der Züchter darauf acht geben, seine Welpen nur Menschen mit der notwendigen Freizeit anzuvertrauen. Er sollte seine Hunde nur an verantwortungsbewuste Menschen abgeben, bei denen er auch sicher ist, dass der Welpe es gut hat.

von der Tatsache ablenken, dass Sie ihn soeben verlassen haben. Auf diese Weise verbindet er eine angenehme Erfahrung mit Ihrem Weggehen.

In der Regel müssen Sie Ihren Hund in kleinen, nach und nach größer werdenden Intervallen an das Alleinsein gewöhnen, vergleichbar mit seiner Gewöhnung an eine Hundebox. Natürlich wird Ihr Herz Ihnen sagen, dass Sie sofort zu Ihrem Liebling gehen und sich um ihn kümmern müssen, wenn er zu fiepen beginnt sobald

Gewöhnen Sie Ihren Hund daran, dass er auch einmal allein bleiben muss. Hier kommt der Gewöhnung an einen Käfig eine große Bedeutung zu. Wenn Sie Ihren Hund spielerisch an den Käfig gewöhnen, so wird er diesen als seinen geschützten Platz akzeptieren und sich in ihm sicher fühlen. So kann man die Angstsituationen des Hundes auf ein Minimum reduzieren.

Sie sich der Tür auch nur nähern. Widerstehen Sie diesem Verlangen unbedingt! Wenn Sie ihn in kleinen Schritten an das Alleinsein gewöhnen, fühlt er sich zu guter Letzt auch allein richtig wohl. Seine anfängliche Angst resultiert nämlich nur daraus, dass ihm die Situation fremd ist. Sie nimmt mit seiner Gewöhnung an das Alleinsein automatisch ab, und das Problem ist gelöst. Natürlich dürfen Sie Ihren Hund nicht permanent sich selbst überlassen. Experten meinen, dass ein Zeitraum von vier Stunden am Tag nicht überschritten werden darf. Ihr Hund muss lernen, dass Sie nicht 24 Stunden täglich bei ihm sein können.

Sicherheitshalber sollte er sich in dieser Zeit nicht im ganzen Haus frei bewegen dürfen; für alle Beteiligten ist es sicherer, wenn er nur die „hundesicheren" Bereiche betreten darf. Meist sind das die Räume, in denen er ohnehin schläft. Hier fühlt er sich am wohlsten! Manche Hunde verbringen so den größten Teil des Alleinseins in ihrer Box oder ihrem Körbchen. Diese gewohnten Plätze geben ihnen die größte Sicherheit

Koprophagie (Kotfressen)

Das Kotfressen ist für die meisten Menschen eine der abstoßensten Dinge, denen sich ein Hund hingeben kann. Für einen Hund ist sie jedoch völlig normal. Den meisten Menschen ist kaum verständlich, warum ein Hund seine eigenen Ausscheidungen frisst. So könnte er beispielsweise bestimmte Nährstoffe brauchen, die in sein Futter nicht enthält, er könnte ganz einfach Hunger haben oder auch von einem (für ihn) besonders attraktiven Geruch angezogen werden.

Meistens beschränkt sich die Koprophagie eines Hundes auf das Fressen des eigenen Kots, gelegentlich macht er sich jedoch auch über die Hinterlassenschaft anderer Tiere her. Einige Tierärzte glauben herausgefunden zu haben, dass ein Futter mit geringer Verdaulichkeit, einem niedrigen Anteil an Rohfaser und einem hohem Anteil Kohlehydrate das Kotfressen fördert. Folglich könnten Futtersorten mit hohem Rohfasergehalt die Neigung der Hunde zum Kotfressen verringern. Die Konsistenz des Kots und der Gehalt an unverdauten Nährstoffen erhöhen die Attraktivität. Oft finden Hunde auch den Kot von Katzen oder Pferden schmackhaft. Wenn der Hund einmal richtigen Durchfall von seiner Kotfresserei bekommen hat, wird er dieses für uns unappetitliche Verhalten ohnehin schnell aufgeben.

Um dieses Verhalten zu bekämpfen, sollten Sie sich zunächst vergewissern, ob das Futter Ihres Hundes in seinem Nährstoffgehalt ausgewogen und wirklich vollwertig ist. Auch muss Ihr Hund seiner Aktivität entsprechend genügend Futter bekommen. Wenn eine Futterumstellung nicht hilft und er ansonsten kerngesund ist, müssen Sie das unerwünschte Verhalten durch die Kontrolle der Umgebung abstellen, bevor es zur Gewohnheit wird. Die sicherste Methode, das Kotfressen zu verhindern, ist die häufige Reinigung des Hundeauslaufs und des Gartens möglichst nach jedem Kotabsetzen. Was nicht da ist, kann auch nicht gefressen werden!

Schimpfen Sie Ihren Hund nicht aus, wenn Sie ihn beim Kotfressen erwischen, das wird ihn kaum beeindrucken. Manche Verhaltenstrainer empfehlen, ihn sofort abzulenken. In Härtefällen darf Ihr Hund sein Geschäft nur mit Maulkorb verrichten, bis sich nach ein bis zwei Monaten erste Erfolge zeigen. Am häufigsten ist Koprophagie bei Welpen zwischen dem sechsten und zwölften Lebensmonat zu beobachten. Sie verschwindet meist von allein, wenn der Hund mit ungefähr zwölf bis achtzehn Monaten ausgewachsen ist.

Eine abschließende Bemerkung

Dieses Buch sollte Ihnen geholfen haben, eine klare Entscheidung zu treffen. „Ja, ich will einen Labrador Retriever", oder aber „Nein, ich will keinen". Ein „Jein" darf es nicht geben. Die Anschaffung eines Hundes ist in jedem Fall eine endgültige Entscheidung, mit der Sie über ein Hundeleben entscheiden. Ihr Labrador Retriever ist voll und ganz von Ihnen abhängig, er will Ihr Freund sein, und zwar sein ganzes Hundeleben lang.

Wussten Sie schon?

Es gibt immer einen Grund, wenn ein Hund beißt. Manche Hunde sind darauf abgerichtet, Ihre Familie, das Haus oder Grundstück zu beschützen. Sie betrachten also jeden Fremden als Eindringling und verteidigen ihr Gebiet. Ein Hund hat keine andere Möglichkeit zum Angriff, als seine scharfen Zähne zu benutzen. Um sich zu verteidigen, verhält er sich anders: Er läuft davon oder unterwirft sich, indem er sich auf den Rücken legt. Labrador Retriever gehören normalerweise nicht zu den aggressiven Hunden, auch haben sie keinen besonders ausgeprägten Schutztrieb. Als Wach- und Schutzhunde sind sie eher ungeeignet. Es kann aber vorkommen, dass ein Hund aus einem Missverständnis heraus beißt. Deshalb sollte man kleine Kinder und Hunde niemals unbeaufsichtigt lassen. Auch wenn der Hund nicht mit Absicht zubeißt, kann es trotzdem gefährlich sein.

Wenn Sie aufgrund dieses Buches mit „Nein" entscheiden, dann war dieses Buch ebenso von Nutzen, denn es hat geholfen, Mensch und Hund vor einer Enttäuschung zu bewahren. Wenn es aber über alle Zweifel hinweg zu einem „Ja" geführt hat, dann, lieber Hundefreund: herzlich willkommen in der faszinierenden Welt der Labrador Retriever und alle Guten Wünsche für Ihr Leben zusammen mit Ihrem Labrador Retriever.

Register

Fette Seitenzahlen stehen für Abbildungen

Mein Labrador Retriever

Platz für Ihr erstes Welpenfoto

Name des Hundes _____

Datum _____ **Fotograf** _____